津子围　编著

津子围与大家对话录

DIALOGUE BETWEEN JIN-ZIWEI AND MASTERS

大连理工大学出版社

图书在版编目(CIP)数据

津子围与大家对话录 / 津子围编著. —大连：大连
理工大学出版社，2011.3

ISBN 978-7-5611-6088-6

Ⅰ．①津… Ⅱ．①津… Ⅲ．①社会科学—文集 Ⅳ．
①C53

中国版本图书馆 CIP 数据核字(2011)第 036270 号

大连理工大学出版社出版

地址：大连市软件园路 80 号 邮政编码：116023
发行：0411-84708842 邮购：0411-84703636 传真：0411-84701466
E-mail：dutp@dutp.cn URL：http://www.dutp.cn

大连金华光彩色印刷有限公司印刷 大连理工大学出版社发行

幅面尺寸：170mm×240mm 印张：14 字数：266 千字
2011 年 3 月第 1 版 2011 年 3 月第 1 次印刷

责任编辑：汪会武 邵 婉 责任校对：千 川
封面设计：波 朗

ISBN 978-7-5611-6088-6 定 价：32.00 元

目 录 CONTENTS

生活的根是艺术

　　——与法国科学家路易(Louis de Neuville)院士对话录　1

教育的内核是"爱"

　　——与美籍华裔作家真妮(Jennifer)对话录　13

喝红酒是一次重要的旅行

　　——与法国著名品酒师 Julien David 先生对话录　33

用音乐连接大家的心

　　——与琵琶演奏家エンキ阎杰(日)对话录　43

"推陈"才能"出新"

　　——与著名书法家苏士澍对话录　59

古坛的意象

　　——与法国著名画家方索(Fran ois Bossiere)对话录　71

油与水

　　——与著名画家黄沧粟对话录　83

自　在

　　——与满一上师对话录　101

复活的古老乐器"尺八"
——与日本尺八演奏大师神崎宪先生及其学生易佳林对话录　**115**

事实与价值
——与美国哈莱姆天使合唱团团长 Anna Bailey 对话录　**125**

时间的背后
——与丹麦 XONG 乐队对话录　**133**

美丽的世界
——与联合国友好理事会主席诺尔·布朗(Noel Brown)博士对话录　**141**

传统的印迹
——与美国田纳西州 MPA 访问学者对话录　**149**

重识经典
——与德国汉堡国家歌剧院团长 Josef Wendelin Schaefer 对话录　**161**

面对面:存疑·求同
——与 90 后作家王一对话录　**171**

文学的光亮
——与韩国忠北市作家代表团对话录　**185**

天赋与机遇
——与韩国天后级歌唱家周炫美(Choo Hyun Mi)对话录　**197**

快乐之旅
——与美国百老汇著名演员对话录　**209**

生活的根是艺术

与法国科学家路易(Louis de Neuville)院士对话录

时间：2009 年 3 月 22 日

地点：大连陆茗香茶舍

路易·德·纳维勒简介

路易·德·纳维勒(Louis de Neuville)先生于1930年6月9日出生于法国中部利木地区。15岁进入法国蒙彼利埃大学学习,获得动物科学硕士(1948)和畜牧学博士学位(1955)。1958~1963年负责管理家庭饲料公司,成为国际利木赞肉牛品种的创始人。1963年,法国公共研究组织(IRAN)确认利木赞牛是一个非常优秀的肉牛品种。40多年来,路易·德·纳维勒先生已将利木赞肉牛引入了英国、美国、巴西、阿根廷、澳大利亚等全球64个国家,并发展成为许多国家的当家肉牛品种。

自1973年以来,路易·德·纳维勒先生连续25年担任国际利木赞肉牛协会主席,他为国际利木赞肉牛事业所做出的成绩为世人所公认。1987年,他入选法国农业科学院院士,并在1998年获得国际利木赞肉牛协会终身荣誉主席的殊荣。1968~1998年,他担任法国、欧洲、世界利木赞肉牛协会主席;1960~1990年,组织并负责建立法国利木赞肉牛的系列工作;1970~1998年,他将该生产链推广到世界各地。1993~1998年,担任法国巴黎农业展览会主席。目前,路易·德·纳维勒先生还兼任法国和联合国牛基因库基金会主席的职务。

路易是一位热爱中国的法国肉牛科学家。早在1974年,他亲自挑选50头利木赞良种牛作为法国总统蓬皮杜送给中国总理周恩来的礼物。在他的努力下,直接促成中国农业大学与法国农业科学院在2005年12月5日签署"中法肉牛研究与发展中心"的协议,中国总理温家宝和法国总理德维尔潘共同出席签字仪式。中国农业大学于2006年8月8日授予路易·德·纳维勒先生"中国农业大学讲座教授"荣誉称号。2009年荣获中国国家"友谊奖",并应邀参加中华人民共和国60周年国庆典礼。

路　易: 我不是一个文化人、在圈内的人,但是我喜欢去发展、去做一些文化的事。我觉得,事业如果没有文化的因素就缺少生命力。比如说,现在我还兼任法国巴洛克音乐协会主席一职,但是我并不搞音乐,那么我怎么会当上一个音乐协会的主席呢?从科学的角度来说,我是在养牛。我在法国养牛艺术中心的建筑上,选择设计师时,不是选择一个农业专业的,而是选择一位在法国最著名的建筑设计师来给我设计牛舍。对设计师来说,他考虑现代建筑的同时,还得考虑设计对象。那么,我们的设计根基在哪呢,在大自然。他叫约翰,他就善于运用现代艺术建筑的眼光和法国农村特别的自然风格结合起来进行设计。所以就有了很别致很艺术的地方——牛别墅。

DIALOGUE

津子围：这个很有趣，牛舍在法国也是可以被艺术化，足见艺术的影响力和浸染力。

路　易：也正是因为这个，所以我才能把牛推荐到全世界64个国家。我们刚开始饲养这个牛时，想法是仅仅作为一个种牛来着，这个种牛没有推广到全世界。在法国的教科书上也仅是说曾经有过这样一种牛，但是这个牛的种群太小，在世界上几乎消失了。

津子围：看来这个牛也是有艺术细胞的，重要的是在于赋予、在于文化，是文化帮助了牛。

路　易：也帮助了我。文化问题，看我们怎么去认识它、理解它。一个非常优美的自然环境，它可以是自然的，也可以是人工的、人造的。它通过人的管理、整治，像绿化呀美化呀，它既有自然的成分，也有人工的成分。在一个画家的眼里，他画一幅简单的风景画的时候，在画里头缺少一个点是什么呢？牛，牛本身就是它的点缀。牛在这个森林、草原上，它是艺术的一部分。有的时候，人在路过一个环境时，没有在意什么，但是看见几头牛，他们会说，你看有几头牛。那么他们在欣赏牛的同时，也会欣赏这片自然风光。这样一来，好像时间在延长，但实际上时间是不会延长的。当你注意某些事情的时候，你会觉得这个时间比某些时间要延长。

津子围：我理解你的说法，这个有点类似中国传统文化中的"物我合一"。

路　易：作为作家，您主要喜欢写些什么题材、什么素材的作品？

津子围：我涉猎的题材比较广泛，并不完全是传统的，中国作家和以前不太一样，八十年代中期和以后，对外开放的窗口进一步打开，应该说西方一个世纪甚至两个世纪的文学一下子进入到中国。那么，现在中国作家会思考一些精神性的东西，比较注重人的精神高度，注重人自我发展、自我完善的程度，或者说自我照亮的程度，尽管个体的烛光非常弱。就像我们在黑暗中秉烛行走一样,照亮我们自己的同时也给这个世界带来了光明。

路　易:我完全理解你刚刚说的这些话。就像法语中讲,要想爱别人首先就得爱自己。爱自己也仅仅是第一步,一步一步地走到这样一种模式……您对法国作家关注吗?

津子围:是的,中国作家对法国作家的关注,我想大概要比法国作家对中国作家的关注多,这很不公平(笑),同时也说明一些问题。我喜欢的法国作家很多,比如拉伯雷、蒙田、尼古拉·布·拉·封丹、伏尔泰、梅里美、乔治·桑、安德烈·纪德、罗曼·罗兰、莫里亚克、萨特、马塞尔·普鲁斯特、让·热奈,还有克洛蒙·西蒙、阿尔贝·加缪和米兰·昆德拉,对了,近两年我特别喜欢玛格丽特·尤瑟纳尔的作品,比如《王佛保命之道》,写的是中国汉朝时一个叫王佛的画家,被皇帝召见,让他完成一幅画,他的徒弟顶撞了皇帝两句,皇帝就让人杀了他的徒弟,最后,王佛完成了那幅画,在江上的小船画上了自己和徒弟,于是,徒弟在船上复活了。而皇帝只能眼看画上的小船一点点消失……小说的开头第一句话是这样的:"老画家王佛和徒弟琳两人,在汉朝的国土上,沿着大路漫游。"极其精彩的句子。这就是尤瑟纳尔的方式,一如她在《苦炼》中的第一句话:"享利·马克西米里安望着绵绵的雨,落在因斯布鲁克。"还有"……徒弟琳弯着腰,背着一满口袋的画稿,但他仍显得满怀敬意,仿佛背负着的是整个苍穹;在他的心目中,这个口袋里装满了白雪皑皑的山峰、春日的江水、夏夜明月的姿容。"她写的东方小说实际上我们很多东方人都写不出来。

路　易:尤瑟纳尔很伟大,我也喜欢她。你说得很对,她过去身上好像有一种极大的压力,当有一段时间她的压力解除之后,压力突然释放,就像人身上脱了一件很沉重的东西一样,释放压力获得自由。有的时候她形容,文学作品就像一个妇女的生产过程,比如婴儿在肚子里经过生产的过程,她本身的生命是延续的,突然进入了另一个世界。……你是怎么看待法国文学的?

有些书,不到 40 岁,不要妄想去写它。年岁不足,就不能理解存在,不能理解人与人之间、时代与时代之间自然存在的界线,不能理解无限差别的个体……经过这许多年,我终于能够把握皇帝与我之间的距离。——玛格丽特·尤瑟纳尔

DIALOGUE

津子围：法国文学的水平很高，对我个人的文学实践也有很大的影响，且不说十九世纪现实主义文学高峰，二十世纪之后，光获得诺贝尔文学奖的作家就有 13 位——我的记忆没错的话，比如诗人普吕多姆和米斯塔尔，比如罗曼·罗兰、法郎士、亨利柏格森、圣琼·佩斯、萨特、克洛德·西蒙，还有安德烈·纪德、莫里亚克、阿尔贝·加缪、萨缪尔·贝克特，我读过他们的作品《窄门》、《爱的荒漠》、《局外人》、《鼠疫》以及《等待戈多》，获得诺贝尔文学奖的法国作家中，还有一个高行健，他是中国成长起来的作家，以法国人的身份获得了诺贝尔文学奖。纪德的《窄门》写于 1909 年，要达到这个境界，十分艰难，即使修炼到一定的火候，也不一定能进入里面，因为天堂只是一扇窄门。正如牧师在教堂里朗诵的那样："你们努力从窄门进来吧，因为宽敞的门和宽广的路会使人堕入地狱，许多人都是从这里堕落的；但窄门和狭路却会使人得到永生，只是很少有人能够发现窄门和狭路。"

主，您指给我们的是一条非常狭窄的道路，窄到两个人无法并肩前进。——《窄门》

路　易：法国文学有很好的艺术氛围和精神传统，有很好的土壤，让文化生长。

津子围：路易先生虽然是位科学家，但是我觉得您思考问题站在文化的角度，有文化的支撑，有文化的意识，这一点是非常难能可贵的。我还看到，很多西方的文学艺术大家都注

意中西方文化的整合,在不同的文化母体上吸取营养。比如叔本华的生命意识、柏格森的直觉主义,尤瑟纳尔关注东方,还有美国诗人意象诗代表人庞德,庞德深受中国古典诗歌的影响,吸收了柳宗元《江雪》《使至塞上》、马致远《秋思》的意象表达,甚至在他的长诗《诗章》中多处夹着汉字,用来表示神秘意蕴。还有1974年诺贝尔奖获得者瑞典作家马丁·瑞松,他就是受到老子庄子的影响,写出了精彩的《陀螺》。他们都把中西文化结合在一起,取得了重大突破。过去在哲学界有一种说法,认为东方文化和西方文化是两座不同的高山,两个河流可以汇合到一起,但是两个高山永远不能到一起,他们可以见面,比较和关照,但是他们不能融合。事实也是这样,中国从明代开始有一个东学西渐的过程,清朝后期,又有一个西学东渐的过程,有的是相互吸取和照应。

路　易:你说得有道理,中西方文化是两座山,但是它们又不是两座山。它们不能像水一样融合,东西方文化都有自己的传统,可它们有必要去接触,没有必要让它们去融合,融合了世界就一体化了,世界就没有那么丰富多彩了。但是不融合并不等于不接触,它们是可以接触的。我感觉文化就像雨水一样,它来滋润,就像东西方的宗教,东西方的宗教起始都是一样的,比如佛教、道教,包括天主教、基督教。基督教认为不好的东西,佛教可能也是认为不好的东西,反之一样。就是说它们基本的目标是一致的,其实并没有什么冲突的,尤其是现在科技这么发达、现代的信息交流这么丰富的时候,一方面要保持自己独立性的同时,另一方面要让文化推动社会的发展。像鱼和水的关系一样,有的时候像水,有的时候像鱼。

津子围:其实人类不管生活在世界上哪一个角落里,都有一个权利,就是共享人类文明的成果权利,就是说,无论东方人创造的文明还是西方人创造的文明,我们都有权利去共享。

路　易:你说的对,我们有权利享受东西方文明的成果,同时,我们不只是有权利享受,还有责任去发展文明,否则我们的文明只能存在博物馆里,没有进步。这就是为什么时代不断发展,文明也在不断发展。人是活的,我们就能不断交流。中国人可以到西方去开茶馆,就可以让西方人了解中国的文明,这本身就是一种文明。就像游客在草地上看一看,这个是肤浅的,如果这个时候有人给游客讲一讲,游客的感觉就又不一样了。如果说19世纪发展的是工业,那么20世纪带给人类的就是战争,21世纪现代的文明更多的是中国的领导人倡导的和谐,不只中国需要和谐,世界也需要和谐。

津子围:的确是这样。和谐文化是东方的一个哲学传统,东方人讲究天人合一,西方人讲究物竞天择,不是绝对,我指大概主体方向。比如中国群经之首的《易经》,讲天行健,也讲地势坤,发展到儒家那里有了中和,和为贵,也就是持中、守中、执中——择善固执到了近代。由于古老的农业文明大国被西方列强打破国门,急于自强自立的思想占据了主流,也就是传统文化中的"天行健"部分,这些无可厚非。问题是,文化不能过分强调一部分,短时间可以,一个历史时段可以,长期就恐怕有问题,所以,"地势坤"那一部分还必须重视起来。对东方如此,对整个世界也是如此。如路易先生所讲,如果把19世纪划分为工业革命,那么20世纪就承担了工业革命无限制发展的代价,21世纪的人类应该更智慧,会逐渐找到更好的办法。

> 天行健,君子以自强不息;地势坤,君子以厚德载物。——《周易》

路　易:东西方哲学思维不同,中国人更讲究宇宙的完整,宇宙的平衡,欧洲人不太强调这些,他们强调科学的、论证的东西。什么论证只有证明是才是,不能证明这个东西也证明那个东西。就像中医一样,考虑总体的平衡,阴阳调节适合整体,而西方人哪疼就治哪,这是哲学思维的根本不同,包括影响到行为科学。还有就是中国人喜欢象征性的东西,欧洲人很少把象征性的东西用在实际上。其实西方人尽管没有更多的象征,他们更多是实际,但是中国人象征性的思维在西方也能找到相应的答案,这就是为什么中国东方文化土壤非常肥沃,西方也很肥沃,如果两者结合就会更加肥沃,这一点对我影响很深,这就是为什么我喜欢从西方的角度在东方也能找到相应的答案。西方有一种共同认识，就是不管东方文化还是西方文化，大家都在考虑两种东西，就是权力和金钱，它们都是人造的东西，是人类的东西，为了权力和金钱可以抛弃一切，这是一个非常不好的现象。那么通过中西方文化的交流，也许就能把这种不好的东西剔除去，我们的哲学也是不抬举这两个东西的。

津子围：我对法国哲学的了解不全面，我知道法国哲学流行解释学，认为现在世界上几乎所有的东西都被解释过了，现在的定义是对原来定义的重复解释，的确，语言环境发生变化之后，会产生不同的解释。这里面有一个问题是，我们要解释的世界是变化着的，一句谚语说，唯一不变的是变化。打个比方说，国际象棋，大家都可以看清楚实力对比，大家都是明的。还有一种现象是打扑克，你抓什么牌，我抓什么牌，我们都不知道，这是秘密的。现实生活中，的确有明的，如下国际象棋，但是我们生活中更多时候是打扑克，如果你没抓到一副好牌，你的技巧再高，你不一定能打好。我觉得西方文化中，下棋的时候多，而东方文化中，打麻将或者用打扑克比喻更明白一些，中国人重视运气，西方人可能不太重视。

路　易：从这一点来说，我觉得不管宏观还是微观，许多经济学家甚至获得诺贝尔奖的，他们的观点我都不敢恭维，从公式角度，从学术来讲可能是对的，我们是在解释一切过去发生的事情，社会在发展进步，现在很多工具不一样，社会发展的工具也不一样，生产效率各方面都不一样，那么社会构成也不一样，过去是工业化，和现实完全不一样，现在的工作效率比过去不知道要高多少倍，现代化的通讯设施，现代化信息的交换，和过去完全不一样。当然也有一样的地方，不能改变生活的根本，那就是人们所依赖的文化。但是文化要随着生活的变化不断地向前发展，这个就需要我们这些作家，把过去的东西重新解释，需要把过去的东西剖析一遍，把过去的东西放在社会检验一遍，不然社会就不能有发展，现在的社会没有手机生活的模式，生活的概念就完全不一样了，过去的经济在某

"事实"不过是原来的解释的伪装。对事实的解释就是对原有的解释的解释，而且解释永远不会终止。……没有任何有待解释的绝对原始的东西，因为从根本上说一切都已经解释了，每一个记号也都是其他记号的解释。——福柯

DIALOGUE

些方面是能靠的上,但某些方面是完全靠不上的。文化有时候对我来说就像是我的眼镜。当我戴上眼镜,有时候让我看得更远,有时候让我看得更近。东方文化对我来说是非常有魅力的文化,同时也是我这辈子不能忽视、不能放在一边的文化。为什么这么有魅力呢?因为东方文化让我感觉博大精深,以小见大,是从一部分考虑到全面的文化。这个对我来说非常有意义,我也试着去靠近。我一方面去寻找魅力,另一方面我又不能依赖魅力,因为我似乎学着全面,却又不能那么全面。我只能去恭喜,但是不能按照这种文化氛围去试验。因为缺乏实在性,西方人虚拟的东西少,更讲究实在性的东西。

津子围:我能理解文化背景差异下的差别。

路　易:(指了指茶盘上的紫砂小动物)这个是什么?

津子围:茶宠,就像是人们养的宠物一样,用这种方式表达心情。

路　易:我对东方文化很感兴趣,但是却觉得很不理解,它是一种形式呢,还是真的有内涵?

津子围:的确,它是没有生命的,但在中国传统观念里,它是有生命的,只是生命形式与我们或者说有机生命不同而已。实际上,它体现的是人与自然的关系,体现的是人对自然界的尊重。比如我们说石头可以听经、花能解语,寄情于山水、花鸟,并诗意地表达。这与中国佛家的禅有一定的联系,禅文化和茶文化是很有传统的,禅实际上是寄情的过程中修炼自己,让自己融入大自然。

路　易:这完全是一个新的概念。热爱自然,热爱花草,是不是因为自然带来诗韵,自然带来生命,带来生活中的理想,是不是有一种对它们的感谢之情?

津子围:孔子讲人之初,性本善,荀子讲人之初,性本恶,墨子讲人心如缟素,就像白布,靠颜料来染颜色。到程朱理学,朱子把人分为聪明的和不聪明的,总之,无论哪个说法,中国人讲人是不完善的,人要有修为。修为方式不同,其中这是

佛曰:一花一世界,一草一天堂,一叶一如来,一砂一极乐,一方一净土,一笑一尘缘,一念一清静。

一种方式,文人通过寄情于山水,寄情于一块石头,认为石头是有灵性的,如果对石头都有感情了,那么对人就更应该有感情。实际上是通过对自然界的友善来修为自己,进一步完善讲,还有感恩和敬畏的含义,这和基督教的某些方面有共同之处。

路　易:我完全赞成你的观点,我完全理解。

津子围:我们讲人不完善,和基督教讲人有罪恶是一样的,我们需要修炼,他们需要彼此的爱,我们也需要彼此的爱。我们讲人和花鸟是平等的,所以我们要尊敬和培养感情。

路　易:你刚才说的完全正确,东方人通过这种修炼,修身,使东方人对社会环境更具有抵抗力,这就是西方人为什么把希望寄托在东方人身上,东方人讲宇宙天人合一,还有包容,西方人现在讲自身的发展,使他们更能够抵御外来的冲突,而东方人的修炼为了宇宙大自然的和谐。东西方有共同的东西,也有本质的差别,方向是不一样的。我非常热爱中国的文化,中国的文化对我有很大的帮助。西方人信奉天主教,西方人在信心丧失的时候,期待上帝拯救我们,这种情况下,可能抵抗绝望时,东方人更具有抵抗力。上帝是死的,从观点来说是这样的,但上帝精神是存在的,上帝把他的爱、他的精神传给每一个活着的人,活着的人接受这种思想。

津子围:我读过很多西方哲学,对尼采的研究相对多一些,坦率地说,我并不喜欢他的超人思想,因为我们人是世界的一部分,别的生命和我们一样,都不是世界的主宰。还有一个西方宗教哲学家卡尔·拉纳,他写的一本书叫《圣言的倾听者》,有一句重要的话,他讲上帝总是以人类现实的语言形式存在的,是人们不断发展、修正和完善的过程,这一点,他的说法和程朱理学相遇了,跨越了时间,跨越了空间,找到了相遇的地点,就如同佛教讲的"佛在心中"是一样的。

卡尔·拉纳(Kar Rahnr, 1904 — 1984)是西方公认的二十世纪最伟大的天主教思想家。

路　易:你说的对,我理解,人类社会发展的过程就是人可以在这个世界上能够说"不",说"不"才有自由,虽然人类是

DIALOGUE

整个宇宙的一部分，但是正是因为可以说"不"，才给世界上其他带来了生命。即使一只狗，你拉它不愿意跟你走，你抢起棍子，狗只能走，唯一人可以说不。人不是这个世界的主人，但是人有自由，只有人才能赋予其自由，包括自然。因为我们能够说不的时候，我们才能判断生命的方向。正是因为上帝给了我们这种权利，社会才能够向一个正确的方向去走。如果我们走错了方向，那么我们就和动物没有区别。

津子围：我补充一下，我们能够说"不"，这是一个很大的进步，但是更重要的是能够说"是"，因为"是"意味着承担，意味着责任。就像前几年，有一本书叫《中国人可以说不》，但是我觉得这还不够，因为说"不"是容易的，但说"是"却很难，如果中国到了可以说"是"的时候，那才是中国实强的时候。

路　易：你说得非常对，这也是我下面要说的，如果这个世界只是说不的话，那么这个世界就是沙漠，什么也没有。

津子围：谢谢你，今天的对话非常丰富也非常愉快。

路　易：是的，非常感谢。

教育的内核是"爱"

与美籍华裔作家真妮(Jennifer)对话录

时间:2010 年 6 月

地点:大连

摄影　廖端平

真妮简介

蔡真妮(Jennifer)旅美作家,毕业于北京师范大学,曾于国内某大学执教,现居美国,为自由撰稿人。在北美的《世界周刊》《世界日报》《世界华人周刊》及国内的《青年文摘》《青年参考》《家庭育儿》《海外文摘》《爱人》等报刊上发表文章数百篇,出版过《我在加拿大"抢银行"》及《用尊重成就孩子的一生》等深受读者喜爱的书籍,写作内容主要以海外华人生活及家庭教育为主。在国内新浪网和海外文学城网站开设的博客受到广大网友的喜爱和持续追捧。

津子围: 您2008年9月由美国科发出版集团公司出版的两本书我都拜读了,很精彩! 能感觉到你对生命和这个世界的独特认识,语言很轻松,幽默感十足。

真 妮: 谢谢夸奖。

津子围: 我了解到,您最近又签约了两本书,都是关于子女教育方面的。我对教育的话题非常感兴趣,和大家一样,我也有孩子,也碰到过子女的教育问题,而且这个问题在我个人这里的确不是个小问题。

真 妮: 是这样,现在中国的独生子女政策使孩子成了家庭里的核心,两代长辈都围绕一个孩子转,原本想给他最好的教育,结果有时候事与愿违,出问题的恰恰是教育。

津子围: 有些问题是值得我们去思考。比如说数学,我们的高中就学微积分、线性方程了,其实,这个阶段没必要学,除非你搞专业,将来搞数学,搞精算设计,这些应该学,而对于普通老百姓,加减乘除足够用了。用了很大的精力去学没有用的东西,反而有价值的东西,像怎样做人了,如何处事了,怎么应对社会等等,却没有教。

真 妮: 对,像一个人怎么去认识自己、肯定自己,也没有教。有的小孩遇到点小事就去自杀了,他对自己没有一个认可,做人的价值在哪里? 小孩都不知道,只是去满足父母的期望了。另外,孩子没有学会爱,从小到大,除了好好学习文化知识,基本上就没有接受过爱的教育。

津子围：这是一个大问题。

真　妮：不会爱自己，也不会爱别人，也不知道怎么接受别人的爱。我觉得，中国的教育在这些方面缺失太厉害了。

津子围：中国的独生子女，最缺少的就是这个。其实，中国的独生子女会改变未来中国发展的走向。

真　妮：那是肯定的。

津子围：仔细研究一下中国的社会结构，就会发现，我们的社会就是"家天下"，国家是放大了的"家族"，研究现在独生子女的家庭结构，甚至可以预测这个国家未来的走向。因此，我对当前独生子女教育还是感到存在一种隐忧的。比如我们小的时候，基本是"放养"，而现在的独生子女几乎是"圈养"的，吃的食物也是"圈养"的速成的，这样一想就令人担忧了。我们小时候家里的孩子多，知道抢东西吃，现在孩子好像不是那种原生态的状态。前几天我在 CCTV10 看到一个节目，是关于新疆的野马群，经圈养后，再放野生，它已经不能适应野生的环境，过了段时间，母马就死了，头马也骨瘦如柴，最后收回来，再与非野生马群交配，这个野生马的原始基因就没了。目前独生子女的生存环境已经发生了变化，发生了什么变化？不能自立。独生子女身边没有伴，没有竞争对手，都像"圈养"出来的、填鸭式填出来的。不知道你注意到没有，现在孩子很多都是胖子。有一次，我们单位组织户外活动，回来冲洗照片，我一看吓了一跳，一群孩子都是小胖子。我们小时候，小孩子知道打仗，现在的孩子好像没有这种血性了，没有通过竞争而获得的经历，所以他是没有责任感的。他想要一个东西，很容易获得，饭来张口，衣来伸手。他不会思考这个东西是怎么得来的，他不知道得来的艰难。现在的独生子女显得有点怪，你说话，他不怎么听，什么事情都无所谓，好像他们十分宽容，其实不是，是麻木，什么事情都无所谓。

真　妮：这样的孩子从某种意义上说是残疾的——在精神上残疾。

道德教育最简单的要素是"爱"，是儿童对母亲的爱，对人们积极的爱。这种儿童道德教育的基础，应在家庭中奠定。儿童对母亲的爱是从母亲对婴儿的热爱及其满足于身体生长需要的基础上产生的。进一步巩固和发展这一要素，则有待于学校教育。教师对儿童也应当具有父子般的爱，并把学校融化于大家庭之中。——裴斯泰洛齐津子围：还有退化。当然,他们也是痛苦的,他们面临的问题很多。我的一个朋友,每周必须带孩子见爷爷,爷爷已经把孩子宠得他都觉得无法忍受了,他提出点不同看法,就被老人给骂了回来,老人的理由是:我这辈子吃了不少苦,无论如何不能让孙子受苦! ……你说孩子的压力大不大? 小小的年龄要承担多少? 还有,等这一批孩子结婚后,上面至少有四个老人,如果再长寿的话,可能上面还有老人,压力注定要大。现在的问题就是,抚养孩子的成本太高,我们小时候一点包米糊糊就能养活,现在一罐奶粉就二百多。因为越少越贵,资源就是这样配置的。越这样越养不起,那样会有更多的人不想养孩子,群体的观念变化了,丁克家族,玩一玩就玩老了。这个问题不敢往下继续想了。还有就是,你说的那个问题,没有爱! 没有爱就没有责任。

真　妮：这就是教育理念的问题。父母要教给孩子如何爱。父母对孩子的影响是最大的,超过了老师,超过了社会。这也是我的写作慢慢转向子女教育的原因,希望通过美国人教育孩子的一些故事,介绍一些国外的教育理念。在家庭教育中,父母的榜样作用是很大的,言传身教是最重要的教育,到后来,你看孩子长的样子,就是你的样子,孩子的行为模式,思维方式都会很像父母,儿子像爸爸,女儿像妈妈。如果父母想让孩子成为什么样的人,自己必须首先是那种人才行,比如父母平时经常说些不得已的善意的谎言,却想要孩子成为一个诚实的人,那是不可能的。再比如想让孩子努力学习,自己一回到家就坐在沙发上看电视不动弹,孩子肯定也是要迷电视甚过书本的。

津子围：由于致力于子女教育和投入的关注程度,您对教育问题一定有自己的见解,比如说,国内和国外教育方面的差别?

真　妮：主要的区别在于国内的父母的注意力几乎都在孩子的学习成绩上,还有是否听话。很多网友给我来信问的问题都是:孩子不好好学习怎么办? 孩子不听话怎么办? 孩子的房间乱,怎么说也不听,孩子偷偷谈恋爱呀,等等。总之,就是孩子没有按照父母的意愿去做。父母都希望有种灵丹妙药,给孩子吃了以后他就乖乖听话,好好学习,能达到父母的目标。

津子围: 那么,针对这些问题,您是怎么样回答的呢?

真　妮: 我认为,在教育子女过程中,父母最重要的是要尊重孩子。我们的文化里面,缺少这一点,在中国父母心里,认为你是我生的,你就是我的,就得听我的。基本上没有"尊重"孩子这个概念。我觉得,父母只有做到了尊重,才能与孩子在同一平台上去交流,孩子才更容易接受父母的要求。否则,孩子的心肯定是离你越来越远。现在很多父母无法与青春期的孩子沟通,不知道孩子在想些什么,这不是一天两天形成的,是在孩子从小到大的成长过程中积累形成的。在这一过程中,是父母自己把孩子越推越远——在心灵上产生了距离。我觉得,在对孩子的教育中,尊重、接纳、爱是三个最重要的因素,父母不仅要尊重孩子,还要接纳孩子。比如,有个母亲跟我说,我儿子遇到点事儿就哭,一点儿也不像个男子汉,我怎么能让他变得坚强一点,不要动不动就哭鼻抹泪的。实际上,孩子的性格是不一样的,有的孩子天生就是爱哭,他就是这个性格,你就得接纳这个性格,在这个基础上,你可以慢慢引导他,怎么去处理他的情绪,而不是对他说,你不能哭,你这样我不喜欢。孩子是个独立的人,父母不能拿一个模子去卡他:你必须照着我想要的样子来长。说到底,除了尊重,父母还要接纳孩子。剩下的一个因素是爱,没有不爱孩子的父母,但是如果你做到了前两条,你的爱才不会是狭隘的爱。做不到尊重和接纳,你这个爱就太狭隘了,会成为不被孩子接受的爱、让孩子抗拒的爱。我是这样理解的,也不一定对。

津子围: 您说得特别好。那天我看过一段文字,很有感受,其大意是:"担心是最差的礼物"。因为,这个担心其实是对孩子心灵的加害。而最好的办法,是引导、鼓励和祈祷。比如,有的孩子出去参加夏令营、竞赛等活动,孩子被带走了,父母非常担心,睡不着觉,怕孩子冻着了,饿着了,受伤了。事实上,如果真的发生了你担心的事情,你也不在现场,你也帮不了他。所以,担心的问候和嘱咐只能增加孩子的负担,产生负面的心理影响。

真　妮:是这样。父母总认为,孩子离开了父母,就不行,你非出什么事不可,这就是父母在孩子心理上强加的一个负面投射。相反,如果你鼓励孩子说:孩子,没关系,你或许会遇到问题,但遇到问题可以和老师和爸妈沟通,或者自己想办法解决。如果给孩子这种正面的鼓励的教育,其结果会是截然不同的。恰恰相反,中国的很多父母生活的重心都放在孩子身上,在心理上依恋孩子,所以特别害怕孩子独立。他们甚至是刻意地要把孩子养成一个心理上"残疾"的孩子:你离了我们就不行了,就过不下去了,你要永远依赖父母,听父母的话。

津子围:这其实涉及一个教育观念问题,我们这代人受到的就是那种管制的教育,可能潜移默化地学会了用老人的办法去管教孩子,而这种管教,就是你刚才谈到的"不接纳",按照自己的想法去推行,甚至用一种狭隘的爱把孩子看成自己的私有财产,甚至有的父母自己的理想没有实现,而要靠孩子去实现。

真　妮:哈,这就更恶劣了。

津子围:这样的例子很多。我家附近就有一个艺术培训学校,五六岁的小女孩儿每天都去学芭蕾。很多孩子都不愿意进那个挂着广告招贴的大门,哭哭啼啼地不愿意去做。关键是,我直观感觉,那些孩子的气质不适合跳芭蕾。孩子的长辈在门口站着,很辛苦也很负责任的表情。我的孩子也一样,小的时候被送去学电子琴,那个时候,孩子特别痛苦,男孩子不喜欢学电子琴,很多次都是撅着嘴离开家门的。很多父母把自己没有实现的理想放在了孩子的身上,延伸自己的理想,让孩子来实现。可不可以这样说,实际上,我们对孩子做的很多地方都错了。错的原因是什么呢?也许在社会转型过程中,传统一下子不适应了,我们原来都是这么活过来的,而突然之间，都不适应了，现在都拿孩子没办法了。我有位朋友，今天下午到办公室给我讲，他们夫妻操了很多心供孩子上大学，孩子大学毕业后，又费了很大的努力和周折为孩子找了一份特别好的工作，这孩子在一家有实力的公司做财务工作。可是，出乎意料的是，前几天，这个孩子突然辞掉了这份来之不易的工作。你想啊，都大学毕业了，不是小孩子了。现在我的朋友非常苦恼，突然之间不知道该怎么办了。

真　妮：我觉得是这样，这孩子直到现在自我意识才觉醒，才开始反抗父母。以前一直是压抑着的，一直遵从他父母的意愿，一步一步地按照他们安排好的道路走，到现在终于开始反抗了。有的孩子反抗得早，有的孩子反抗得晚，有的孩子一辈子都没有反抗，一辈子都是傀儡。这孩子的反抗，在我看来是一件好事，他想独立，走自己的路，凭他自己的能力去做，不再按照父亲安排的路走下去。

津子围：对。他今天跟我讲，他爱人说，要与孩子断绝母子关系。我跟他讲，这不是办法。

真　妮：这太粗暴了！这个妈妈的表达就是：你不听我的话，就不是我的孩子了。似乎父母的爱都是以孩子的服从为前提，这是有条件的爱。他已经大学毕业，成人了，为什么不能理解孩子一些，倾听一下他的心声呢？我在想，这个父亲为什么要帮着孩子找工作。在中国特殊的情况下，可能孩子有这个需要。可是，你得问他，他愿不愿意、喜不喜欢你替他找的工作。我猜这个父亲可能根本就没有征求孩子的意见。他的想法可能是别人想去这个地方根本进不去，而我帮你进去了，你还有什么可说的！这是典型的中国父母的想法，把自己的意志强加给孩子，还要孩子感恩戴德，而孩子自己的意志就从来没有机会实现过。

津子围：是啊，我也解不开这个"谜"。原来我们都是这样的生活，突然之间，觉得都错了，根源在什么地方？

真　妮：时代在变，过去，一个家庭里有好多兄弟姐妹，父

> 既然习惯是人生的主宰，人们就应当努力求得好的习惯。习惯如果是在幼年就起始的，那就是最完美的习惯，这是一定的，这个我们叫做教育。教育其实是一种从早年就起始的习惯。——培根

母对孩子的爱、精力就平摊了。同样,他们对孩子的控制,也分散了,对孩子的管制力量削弱了。而现在,全家 6 个人的爱、精力都在一个孩子身上,孩子承担的东西太多了。孩子没有自己的说话权,父母一厢情愿地安排孩子的生活和未来。但是孩子不是布偶,他有自我意识,虽被压抑,但是会有觉醒的时候,就像你的朋友,他孩子的自我意识现在就觉醒了,他在努力找到自己,很多这样的孩子,他们一旦找到了自己,就会靠自己的双脚站立起来,来创造自己新的世界。但是也有部分孩子的自我意识完全被父母的控制欲给扼杀了,所以出现很多孩子轻生呀,有心理障碍呀,整天待在家里无所事事等等现象,根源在父母身上。

津子围: 现在有个词叫"宅男腐女",指那些沉迷于动漫和网络,不愿意外出工作,有孤僻的个性和不健康的生活方式的一群人。

真 妮: 对,这群人生活态度消极、被动。应该说有些孩子是被父母害了,被某些教育制度给害了。但是,我觉得还会有一批人脱颖而出。我们现在这种全部精英式的教育也有它的好处,会把一些孩子的成才素质挖掘出来,会培养出一批人才。我们这一代人的一些才能因为没有机会挖掘就被埋没了,而现在这种精英式的教育,可能正好把孩子需要培养的才能给挖掘出来了。还有一部分孩子本身就是庸庸碌碌的，父母的强行培养就可能毁了孩子。

津子围： 在您的观念里，孩子是父母个人的财产，还是社会的财富？

真　妮： 按照美国人的观念，孩子绝对不是父母个人的财产，他是独立的个体，他属于整个国家和社会，父母只是在代养而已。所以一旦发现父母有虐待孩子的现象，政府马上就会把孩子带走，送到寄养家庭中。

津子围： 在中国，孩子是父母养的，无论你怎么辛苦，你都得全力以赴抚养孩子，养一个孩子的成本非常高。有人统计说，养一个孩子到他独立工作，平均是 86 万元，这还是前几年的统计。将来，我倒是觉得孩子会越来越少，养孩子成本会更高了。

DIALOGUE

真　妮： 我打断您一下。这个成本是父母强加给孩子的，很多是不必要花的钱，而我们的父母却一定要去花。

津子围： 是。可是没有办法呀。在西方，也是父母抚养孩子，但是社会也会给很多的福利保障。在国内，截至目前，在培养孩子的问题上，基本靠父母。这跟以前不一样，我们上学时，基本是免费教育，医疗是免费的。上小学学费 2 元钱，上大学有助学金，而现在上学的成本是非常高的。学费是一方面，更多是辅导啊、补习啊什么的，还有伙食费、交通费、保险费等等。父母花费了大量的心血、几乎是所有的心血。很多的家庭几乎都这样，连存钱都是为了将来孩子上大学，省吃俭用，几乎所有的心血都用在孩子身上。

真　妮： 你说的这些，还真是与美国不一样。在美国，只要有工作就有医疗保险，没有工作的人可以申请福利保险，美国的教育真是义务教育，家长连书本、铅笔、铅笔盒都不用准备，只需要给孩子买个书包就行了。每个新学期，老师给每个孩子都准备好新铅笔盒，里面都放上文具了。孩子头十二年的教育基本上没有费用。上大学后，一些私立学校，像哈佛、耶鲁这样的名校,他们是按照家庭收入来给予资助的。如果你来自贫困家庭,学费全免。常听国内的人说,谁谁拿到了美国学校的全额奖学金,其实对于本科生,那通常是全额助学金。博士生,几乎人人都有资助。美国大学是先录取,再以家庭的经济状况来决定是不是给予学生资助。还有就是在州立大学,优秀学生可以拿到奖学金,普通的学生可以贷款,也可以打工挣学费。还有一些社区大学,你可以走读,两年后再转到正规大学。总之,有很多渠道来完成大学学业。比如,我的儿子现在上大学,他的学费全部是自己支付的,他打工赚钱付学费。

津子围:打工可以赚那么多钱吗?

真 妮:我儿子在餐馆打工,从下午四点干到半夜,一周干三四次。有些人不理解我,说你怎么能让孩子打工,受那份苦?美国人有这么一句话,说孩子在年轻的时候,既要甩过别人,也要被别人甩过,既要炒过老板,也被老板炒过,要有过这种经历,孩子离开父母之后,父母才会真正放心。因为他经历了该经历的,遇到问题自己知道该怎么去处理。今后他在事业上、职场上、感情上受到一点挫折,父母也不用害怕了。如果父母不放手,他就学不会,所以一定要放手。像我儿子,我说你要自己付学费,这样你每一堂课花了你多少钱,是你干多少小时的活挣出来的你就有数了。你不能不珍惜,如果有的课程不及格,那么你的学费就白扔了。如果我给他付学费,他肯定不会像现在这么努力。人通常对轻易得来的东西,不会去珍惜,通过自己努力得来的,就知道珍惜了。像我姐的小孩,上大三,总丢手机。我就对我姐说,你不要给他买,让他自己挣钱去买个手机回来,他肯定会小心了。如果丢了,妈妈就给买一个,再丢再买,他是不会爱惜的。和美国父母相比,大多数的中国父母对孩子不放手,不给孩子独立的机会。现在很多父母连孩子上大学都要去陪读了,孩子真是可怜。

津子围:独立的确很重要。我记不得在哪里读过一篇文章,说世界上很多成功的人在 10 岁以前都有过"丢失"自己的经历。

真　妮：是吗，我还是第一次听说呢。

津子围：很多成功的大人物都有过这样的经历。我在想，这算不算是一个教育方法呢，可惜我以前并不知道这个道理。我想，童年的生活是未来生活的预演，现在回忆一下，我们的精神资源，实际上是在童年的基础上建立起来的，也就是说童年的精神资源是你整个人生精神资源的基础。甚至可以说，以后都没办法超越它，童年的精神高度已经决定了。有一年正月，我们带着孩子在哈尔滨看冰灯，孩子被挤在人群里，见不到我们，目光极其恐惧，只是"丢"的时间很短。我认为，童年的遭遇是人生的预演，以后发生的事情不过是换了一种程度，换了一个背景和道具罢了。后来，我与朋友谈起这事，我就说可不可以创造这样一种情景来锻炼孩子呢，比如你把他带到一个陌生的地方，暗中找人保护他，看他怎么走出困境，实际上孩子都有能力去解决的，就象我看到日本 NHK 电视台做的实验，把两个四五岁的孩子带到一个离家很远的地方，有六里吧，偷录两个孩子找家的过程。这在我们中国人看来是不可想象的。他们在两个孩子身上安了麦克，孩子当然不知道。两个孩子丢了之后，一边找家一边对话，四、五岁的孩子话都说不全，但是他们能用简短的对话进行沟通，一个说这个方向对不对，一个说应该这个方向——孩子的能力远远比我们大人想象的要强。

真　妮：对，我们大人往往小瞧了孩子，觉得他什么都不懂，其实，孩子懂的比我们想象的要多得多。很多时候，孩子比我们父母有智慧，他们的心灵没有被世俗的东西污染过，你看看孩子的眼睛多清纯，我们父母的眼睛多混浊。很少有父母能听一听孩子心里的想法、孩子对问题的看法，父母总是觉得，我吃的盐比你吃的饭还多，我过的桥比你走的路还多，你懂啥？这些是中国父母经常挂在嘴上的话，父母没有意识到自己的经验并不一定适合孩子。

津子围：就我个人来说，对孩子只做了两件事。一是在他

十二、三岁的时候,那时他就长得比较高、比较壮,比同龄的孩子高出一头。我这孩子天性比较温和,不会打架。有一天我回家,他正与小区里的几个孩子踢足球,不知道因为什么,我的孩子与一个姓李的、与他同龄的小男孩发生了争执,这时,我的孩子看到了我,也许是有了依靠,他推了姓李的小男孩一下,不想姓李的男孩上去就打了我孩子一耳光,我孩子不知道接下来干什么了,他把目光投向我,期待我走过去。当时,我离他们不到十米的距离。然而,他一定是失望的,我没理睬他,上楼回家了。没过多久,我的孩子也回来了,哭哭啼啼的,他比别人长得又高又壮,居然哭哭啼啼地回来了。我只开了一个门缝,没让他进门。我对他说,你现在必须下去! 他不肯下去。我严厉起来,大声告诉他:你必须下去,你自己的问题必须自己解决! 而且,我相信你自己能够解决这个问题。他被我逼下去了,这个做法可能有点不近人情。他下去了,可做父母哪有不担心自己孩子的? 我来到窗前,偷偷地观察,还不能让他看到我。孩子下去了,慢慢地走向姓李的男孩,不一会儿,他们就和好了,又在一起踢球。当时,我爱人十分不理解,我跟她讲,有两种可能:一种是我们接纳他,但是以后这孩子可能就不敢出门了,胆小,一耳光就被打回家了;第二种呢,我跟他出头,帮他化解矛盾,那么他以后可能永远依靠我,我说不可能陪他一生,我也不能替他活人生,将来他总是要独立出去的,我可不要成为他的拐杖,他自己的问题只有他自己去解决。他现在遇到的问题,在将来的人生中都可能遇到,他逃避不了也摆脱不了,只有面对矛盾解决矛盾,担当起一个男人的责任才行。之后过了一段时间,我与他交流,我问他,那个问题你是怎么解决的? 他说他去了之后,李姓的男孩反而心里没底了,本来被打败了,怎么又回来了。他过去,对姓李的男孩说:对不起,我不该撞你。李姓男孩也说对不起,问题就这样解决了。你看,其实多简单呐。

真　妮: 你做得多好啊! 就是应该让孩子直接面对问题,解决问题。父母不可能永远守在他身边,授之以鱼不如授之以渔。你看你儿子多有智慧,他回去后并没有接着打,而是换了一种更好的方式，化敌为友，真正解决了问题。

津子围：后来，初中升高中的时候，老师让他们写了很多的作文，他拿回来让我看他写的作文。他写作文还是有天赋的，文中会突然出现一些有灵性、有力量的词。其中有一篇是记叙文，他就写了当年这件事，父亲是怎么样做的，他是怎样做的。后面，他写父亲告诉他男孩子应该承担什么样的责任，要敢于面对和担当什么的。当时我看了很感动，眼睛潮湿了，他写得很真挚也很有感情。

真　妮：他对这件事记忆深刻。

津子围：对。还为他做了一件事情。有一年母亲节，我安排了一次活动，我把母亲请了过来，我父亲已经去世。我请母亲、太太和孩子，我们四个在一起吃饭庆祝母亲节。吃饭前，我讲了几句话，我说，今天是母亲节，我给两位母亲庆祝节日，这两个女人是我生命中最重要的女人，一个是给予了我生命的人，另一个是给予我儿子生命的人，也是应该感激的。我对孩子说，还有一层意思，今天我给我的母亲过节，你给你的母亲过节，现在你没有收入，都由我来买单。我希望你将来能够自己买单，给你母亲过节。

真　妮：你这就是在对孩子进行爱的教育呢！而且是言传身教。你对你儿子成长中的责任、担当以及爱的教育，都极其难得，为他日后的成长打下了坚实基础。

津子围：也不尽然，他身上也有很多问题，或者说是我的问题。比如他对钱没有概念，不知道如何计算花钱，也不是没教他，教也没用。因为想出国留学，我们送他到托福培训学校学语言，在北京新东方，要学二十天。这么长的时间，又在北京，他妈妈非常担心。我说，你得锻炼他，在北京都不放心，要是到了美国你就更不放心了。他妈妈说，那你要送他去北京。我说，不送，一定要他自己打理自己。然后他就去了。我给他买了一个电话卡，第二天我就出差了，结果第二天他的电话卡就欠费了。我特别担心，就让单位同事帮着存了钱。他去北京之前,我给他算了一笔账,想让他计划着花钱,让他记账。我们上学那会儿,都记账。他就不会记账。我给他算,我说按出差的标准算,肯定是不行的,按最高的标准,一天伙食费120元,早上20,中午晚上都50,这个标准是很高的。我说20天给你2400元。他就不高兴。我跟他妈讲,就给他这些钱,他肯定过得很好。最后,他妈妈到底又偷偷多给了他1000元。回来后,我问他,你剩下的钱呢?他说,没有了。你给他多少,他就花多少。他没有钱的概念,天性中就没有钱的概念,更不会把父母赚钱和不容易、很辛苦联系起来,如同我们开始谈到的,90后的独生子女都被"圈养"着,习惯伸手了。之后,又到新加坡考SAT,我在网上帮他把到新加坡考试的事联系好,包括订宾馆什么的。因为是第一次出国,他妈妈很担心,我又联系新加坡一位朋友,拜托他到机场接一下孩子。他妈妈说,你得送呀,我说不送,就送到大连机场,然后让他自己到北京再转机。还是同一个理由,要是去新加坡都不行,到美国就更不行了。那天,我正好在郊县参加一个会议,下大雨,我也挺担心的,去新加坡的航班在北京能不能正常起飞,飞机正常要晚上12点才起飞,结果到了下半夜2点时,新加坡朋友给我打电话,说他没接到孩子,机场也没有。我儿子在北京机场给我发短信时说飞机晚点,后来又说起飞了,之后再不与我联系。实际上是,飞机关仓后没起飞。我非常担心,一夜没睡。第二天,单位同事与新加坡的同学联系,那位同学找到了旅馆,到旅馆一看,我孩子正躺在床上看书呢。孩子已经到了,他一点事也没有。头天晚上飞机晚点,新加坡还下雨,他出了机场就叫了一辆出租车,直接去了旅馆。我的担心有些多余。

真　妮: 我觉得他应该给你打个电话,告诉你一声。

津子围: 也许,我把他放得太远了。

真　妮: 我觉得是你在养育他的过程中,没有让他知道你在心里其实很挂念他,他每到一个新地方,必须给你报个平安,以免你担心。他在美国上学与你沟通多吗?

津子围: 不多。他似乎不喜欢跟我沟通。也许我总是对他提要求,他反感吧。

真　妮:那你下次与他沟通时,可以试试多鼓励他,以一种很欣赏他的态度与他沟通。其实,你现在的教导对他来说是负担,因为他现在的环境你不熟悉,他觉得跟你说了也没用,你的教导说不到点子上。他跟你讲的,你也不能完全理解,在他看来你的说教都是老观念、僵化的。现在这个年纪,很多事他需要自己去甄别,并不需要你去告诉他,只有他自己去经历了,才会去接受。等到他三四十岁时,他反倒能够理解你讲的话,因为那个时候他的阅历够了。他现在需要自己去闯、去体验。

津子围:是这样。我在成长过程中,也有这样的体会。在我二十几岁的时候,对父母也是有些叛逆的。

真　妮:对,这个年龄是最看不上父母的时候了。这就是要和父母剪断那种脐带的时候。

津子围:对,精神脐带。

真　妮:精神脐带一定要剪断的。如果他听你的,他就剪不断,不听你的,就能够剪断。不听父母的话其实是好事,孩子要经历这个阶段的,否则,他一直在你的羽翼之下,就飞不起来。

津子围:我与我父亲也是这样,我们在一起很少讲话,俩人很少交流。挺长时间不见的话,就想见一见,而在一起,又没有多少话要讲。我刚到大连,不久他就来了,其实他在心里是非常牵挂我的,以后就经常到大连来看我,后来干脆就搬到大连。母亲也是这样。小的时候,父母的家是"家",人老的时候,儿子的家就是"家"了。后来,父母来了,父亲得了脑血栓。我那时特别忙,一般一周回去看一下。有一天老父亲就戴着一个俄罗斯毡帽,我给他买的,他来到我家,就坐在那,一直坐着,看着我,不说话。坐了一两小时,也没说什么,后来就走了。我这才想起,我差不多一个月没去看他了。

真　妮:你们父子之间,爱的表达不是那么充分,不是那

自由不是想干什么就干什么,而是想不干什么就有能力不干什么。——康德

么完全。那么,你对你儿子,是不是也拷贝了你父亲的方式呢? 如果你已意识到了这点,就可以冲破这种方式,对儿子,要把你对他的爱表达出来,要让他知道。

津子围: 也许是的,那儿年,我没多少感觉,甚至父亲去世的时候也没这种感觉。最近这两年,我每每想起父亲,心里都很沉重,好像欠他好多似的。实际上,这种感情是非常沉重的。去年冬天,我翻出了早年写的小说《童年书》,看到第一章"大雪的窄街",其中有一句话,父亲带着户外的寒气进屋,掀我的被子,说:快起床吧,太阳照屁股了……当时,我泪如泉涌……想起当年充满活力的父亲用手来冰你的时候,可现在一下子就没有了,现在变成了文字,父亲却不在了。那种感觉,可能只有当儿子长大成年成为父亲之后,才会体验到。

真 妮: 是的,我能理解。

津子围: 好了,还是回到教育的话题吧,我觉得,教育的话题,是一个非常沉重的话题。

真 妮: 现在的教育真的是沉重的话题。前两天,我在电视上看到一个广告,卖一种学习机,有个小孩用稚嫩的声音大声说:用了学习机,我的学习好,父母就没烦恼了。怎么父母的烦恼,就在于孩子学习好不好? 实际上,学习成绩只是孩子在上学阶段的一个指标而已,孩子的一生幸福是由他的人格、品性决定的,父母最在意的应该是孩子的人格啊!

津子围: 对,孩子的健康人格。

真 妮: 孩子各有其天分,有的孩子不用管,他的学习都好,有的却怎么管都不会学习好的,他有可能手巧,有的有创造力,有的活动能力强,但是考试却考不出好成绩。不管学习好不好,他都会成为对社会有用的人,他都可以生活得很快乐、很幸福。你学习再好,最后跳楼了,那么这个培养是彻底失败的。我们现在评价孩子,就是单一的学习好不好的标准,害了一大批孩子,应该说害了绝大多数的孩子。

津子围: 国民素质的问题,关键在教育。但是我们现在是理解偏了，理解成了学历教育、考试教育。

真　妮：是。学习学什么，《弟子规》中讲"圣人训 首孝悌 次谨信 泛爱众 而亲仁 有余力 则学文，"就是说，一个人在把孝悌谨信爱众亲仁这些都做好了之后，有了余力，再来学文。而我们现在却恰恰把前面这些都丢失了，而把"文"这些雕虫小技放在了第一位，把"术"放在了第一位，忽视了最重要的品德建设，把教育理解成了考高分。事实上，教育最核心、最根本的是爱的教育，孩子要学会"孝悌"，要有爱心、有责任，成为对社会有用的人。

津子围：问题在于，看到的是象，重视的是术，忽视了理。

真　妮：对，看到了记忆能力，忽视了智慧，看到了技艺，忽视了创造能力、想象力，着眼于考高分就把孩子的这些能力都扼杀了，这是最大的问题——重技不重德。

津子围：对，知识和智慧获得的渠道是不同的，教育的渠道也是不同的。有些人没有知识，但事业做得非常成功，这里面"德"是最根本的，也是最重要的。现在大学里讲 5 个 Q：IQ、EQ、AQ、SQ、MQ。最高的层次就是 MQ，德商。这个世界没有偶然，这个世界也没有所谓吃亏的事情。我认识一位朋友，当初是我介绍他到一家大公司管人事。别人说，这个人不是很突出呀，我说但是他人好，他将来会做得非常好。结果三年左右，他就当了办公室主任，再后来就当总经理助理，几千万的资产都在他的掌握之中，做得很成功。后来，别人问我他为什么会成功，我说他肯定会成功的，这个人特别善良，总为别人想，他如果为你这么想，那么也会为别人那么想，因此，别人总是会把机会给这样的人的。后来，有一天，我们在一起吃饭，聊起来了，他小孩上大学了，是女孩，小时候有点自闭症倾向。我问孩子怎么样？他说非常好，考上大学时，他对孩子说，你到学校后，什么吃亏你就做什么，这个世界根本就没有吃亏的道理呀。结果，这个孩子已经做了大学学生会的副主席，学习成绩也很突出，各个方面都非常好。

《弟子规》原名《训蒙文》，原作者李毓秀（公元1662 年至 1722年）是清朝康熙年间的秀才。以《论语》"学而篇"弟子入则孝，出则弟，谨而信，泛爱众，而亲仁，行有余力，则以学文为中心。分为五个部分，具体列述弟子在家、出外、待人、接物与学习上应该恪守的守则规范。后来清朝贾存仁修订改编《训蒙文》，并改名《弟子规》，是启蒙养正，教育子弟敦伦尽份防邪存诚，养成忠厚家风、教育孺子的读物。

德商（Moral Intelligence Quotient，缩写成MQ）：指一个人的道德人格品质。德商的内容包括体贴、尊重、容忍、宽容、诚实、负责、平和、忠心、礼貌、幽默等各种美德。

真　妮：确实是这样的，你知道日本经营之父稻盛和夫吧，他年轻时只考上了一个很烂的大学，毕业后因为经济不景气找不到工作，因为他学过跆拳道，一度想靠这个本事加入黑社会，当个小头目来存活。到这种地步，就是这样的一个人，他最后自建企业并将之发展成世界五百强企业，后来又进军电信行业，又创造了另外一个世界五百强。他总结人生成功经验中最重要的几条是：热情、努力、正面思考，其中最重要的是品德，比如诚实，为别人考虑等等，他认为企业选人的标准是人格第一，勇气第二，能力第三。美国《百万富翁的智慧》一书的作者托马斯·斯坦利博士，对美国 1300 名百万富翁就"成功因素"问题进行了调研。这些富翁没有一个把自己的成功归结于他们的聪明才智，而是说："成功的秘诀在于诚实、有自我约束力、善于与人相处、勤奋和有贤内助。"他们不约而同把为人诚实摆在了成功的第一位。这些值得我们做父母的深思。

津子围：今天的谈话很愉快，受益匪浅。谢谢。

真　妮：彼此彼此！

喝红酒是一次重要的旅行

与法国著名品酒师 Julien David 先生对话录

时间：2010 年初夏

地点：大连

Julien David 简介

　　Julien David 先生，法国著名品酒师。Julien David 先生拥有法国迪纳尔品酒师文凭，从事法国高端葡萄酒专业工作有 15 余年，曾在巴黎作为品酒师服务于众多著名的米其林星级餐厅以及世界前 5 名的顶级餐厅，后被都柏林的高端餐饮场所聘请为餐厅经理，并当选都柏林年度品酒师。近年，Julien David 先生应邀来到中国，成为上海滩炙手可热的"红人"，曾在"外滩 18 号"内的"Sens & Bund"餐厅担任助理经理及主管品酒师。

津子围：在我的记忆当中，红酒和品质、和神秘、和浪漫是有联系的，我记得本杰明·富兰克林先生说过一句话——好的红酒证明上帝希望我们幸福。这个印象我特别深刻。

Julien David：是的。关于红酒，名人、作家、酿酒师，成千上万条他们的名言聚在一起，而对我们欧洲人来讲，抛开生活的质量，所有的一切最终得到的是一种文化。我们来理解的话，就是旅行，旅行的时间或空间，喝法国红酒，就神游法国；喝智利酒、澳洲酒，就旅行智力和澳洲。有人喝到八几年的酒，时间和空间又回到以前，这是空间打破时间的一个交错的媒介，一个旅途。比如喝 82 年的红酒，你会想那个时候我在做什么，那时候世界发生什么大的事情，或者与这一款酒有关的事件、名人，有那么多的历史事件联系，就自然会想到文化、历史什么的，就有开阔的想象力空间。打个比方，三十年前，这么好的酒，那时候我在上学，还是谈恋爱。它就有这种魅力，你找不出任何一种东西这么受关注，而且有文化意识输入在里面的东西。所以，我觉得对欧洲人来说是这样，红酒是最有文化、最有历史的饮品。

津子围：实际上，中国喝红葡萄酒的历史也很早，据我了解，唐代的时候就非常盛行。高祖李渊、太宗李世民都十分喜欢葡萄酒，而且很珍贵。唐太宗还喜欢自己动手酿制葡萄酒。盛唐时期人民富庶，社会稳定。由于官方喜好葡萄酒，于是，民间酿造和饮用也十分普遍。这些也反映在当时的诗歌里，"葡萄美酒夜光杯""葡萄酒，金叵罗，吴姬十五细马驮"。

《太平御览》（唐）："高祖赐群医食于御前，果有葡萄。侍中陈叔达执而不食，高祖问其故。对曰，医母患口干，求之不能得。高祖曰，卿有母可遗乎。遂流涕呜咽，久之乃止，因赐物百段。"

葡萄美酒夜光杯，欲饮琵琶马上催。醉卧沙场君莫笑，古来征战几人回。——唐·王翰《凉州词》

DIALOGUE

Julien David：是的，第一枝葡萄树香港人一直认为在中国西部，有人认为，葡萄酒在中国西元前就开始做这个东西。但也有人认为是白酒。

津子围：我知道的情况是，有人说白酒产生在唐之前，也有人说在元，好像有争议的，比如说元代的时候才有白酒，就是我们现在认为的蒸馏白酒，常见的那种高度白酒，那之前实际上都是低度酒，按照这个说法，唐代喝的酒基本都是葡萄酒和米酒，喝葡萄酒和米酒会在脸上出现"酒晕"，中国人讲的"红脸蛋儿"，"环肥燕瘦"中的那个杨玉环就常常出现酒后的红脸蛋儿，皇帝李隆基很喜欢。可是，平民女子没有那么多葡萄酒喝，所以在化妆时，就往脸上涂上两块红红的胭脂，是那时流行的化妆法，叫"酒晕妆"，这个化妆法流行了一千多年，一直到民国的时候还在流行。

Julien David：您的这个说法很有意思。酒的确与很多传说和传统有关系，在欧洲，有个"爱死酒"的说法，那是 1480 年，英国公爵克拉伦斯被皇家判处死刑，因为是叛国罪，皇家让他自己选择死的方法，公爵最终选择了淹死在马姆齐葡萄酒桶里。葡萄酒在欧洲人看来，它还是"爱情酒"。

葡萄酒，金叵罗，吴姬十五细马驮。青黛画眉红锦靴，道字不正娇唱歌。——唐·李白《对酒》

唐明皇李隆基欣赏杨玉环"酒晕"之美，戏称为"岂妃子醉，是海棠睡未足耳。"

马姆齐葡萄酒是一种酒精度在 17 度的甜葡萄酒。

古希腊神话里的酒神狄奥尼索斯（Dionysus）是葡萄酒与狂欢之神，也是古希腊的艺术之神。

津子围：是不是和酒神狄奥尼索斯有关呢？酒、艺术和爱情,统一到他那复杂而传奇的出身和后人充满激情的"酒神颂"里。

Julien David:是的,很传奇,酒神是宙斯和西姆莱公主的儿子。为了证明爱情的神圣性,怀了孕的西姆莱公主请求宙斯现出本相,宙斯同意了。可是,宙斯是主神,他的威力太大,西姆莱是个凡间女子,无法承受威力,结果被雷击而死。宙斯从西姆莱的腹中取出未足月的胎儿,缝入自己的大腿,成了一段时间的"瘸腿宙斯"。儿子足月后出生,取名为"狄奥尼索斯"。你大概注意到,酒神像头顶上的花环一般都是葡萄蔓编织的,还有大高脚杯,常常由女祭司陪伴和长笛演奏者们簇拥着。令人想到爱情。也有很多作家写过这方面的信和诗,比如故乡在盛产葡萄酒的卢瓦尔河谷的希农城堡的乔治。

津子围:的确,法国人一向是制造浪漫和时尚的高手。田园风光的普罗旺斯,到了梵高、塞尚的画中,深紫、瓦蓝、亮黄、桃红流动的色彩,注入了强烈的浪漫和时尚元素……谈到这儿,该谈谈品酒师了。品酒师对我来说是一个神秘的职业,从职业的角度,您觉得红酒的精髓是什么?

Julien David:从我的角度来讲,品酒是工作。作为一个好的品酒师,所谓这方面的专家,一定要学习,我们不断地学习,这样的学习机会也比较多,而且始终感觉自己是饥饿的。品酒是一个综合性很强的一门科学,也不能说你全懂了,其实每天还有很多不同的功课需要去学习,而且是需要终身去学习的一个工作。我认为自己是很专业的,是自由的,但我不是经理,也不是老板,品酒师的角色很重要,他给你推荐什么酒,搭配什么食品,同时要知道沟通,要看出那种氛围,一定要跟人沟通,沟通就是绩效,沟通要占整个服务绩效的50%以上。如果这一群人都是专家,坐在那不动的话是没用的,必须体现在具体的服务上面。还有一点是重要的,最好的专业品酒师也要学会去倾听,要了解你的客户,告诉你的客户他们想知道的东西。面对不同的文化背景的客户,你使用的方式就应该不一样。所以外国人在中国工作,不要说欧洲什么什么的,一定

法国女作家乔治·桑。她在给钢琴家肖邦的第13封情书中写道:"我们彼此的心,红得已越过希农的葡萄酒了。"

在本质上,酿酒人好像就是在执导一部电影,他按个人的理解,塑造葡萄酒的酒体结构、滋味、神韵和特点,从而创作出酒文化的艺术佳作。——美国《佳酿》杂志创办人菲利浦·塞尔登

DIALOGUE

要融入中国来,要融进来,在巴黎也是品酒师,在上海也是,但是可能表现形式又不一样。菲利浦·塞尔登认为酿酒人是导演电影,品酒人就是播放和解说电影。

津子围：我听说,品酒师不仅需要专业知识,而且是需要天分的,比如,他的嗅觉能力特别强,味觉能力也特别强,并不是谁都可以做品酒师的。

Julien David：品酒师只是一个专门的职业,表现形式是不一样的,德国人注重学术,法国人注重的是服务。到了中国就要入乡随俗,在中国来讲的话中国人讲究面子,当你是一个品酒师在工作的时候,要客户高兴的话,可能要做一些善意的谎言,但是作为品酒师,我品酒打分的时候要说真话。品酒师并不神秘,是学习的结果,不需要特异功能。

津子围：按你的说法我也可能成为葡萄酒品酒师(笑)。

Julien David：肯定的。平等之心,并不断去学习,这是最重要的。另外一点就是一定要保持激情,以及很好的性格,要有亲和力,因为服务需要亲和力。

津子围：从人类的发展来说,人的五官功能都相应落在艺术上,比如眼睛,由于我们的视觉产生了美术,由于有听觉产生了音乐,由于我们的味觉,可能有美食、美酒,我就觉得鼻子的功能好像没有找到一个和鼻子相关的艺术,香水算不算?红酒在您看来是不是也是这样?

Julien David：绝对是艺术。对我来讲,艺术无处不在,要靠各种形式表现出来,爱这样的东西就像爱你自己一样。

津子围：这种艺术是用结构的方式表现吗?

Julien David：你刚才说鼻子,鼻子是很重要的,对艺术来讲表现形式不一样,它是一个很综合性的表现,这些都要用到的,眼睛、鼻子、嘴、耳朵,同时鼻子很重要。你端起酒杯,首先你要无意识地闻一下,跟食品一样的,做好菜先闻到香味了,说我想吃,如果这个味儿怪,不好吃,就不吃了。而且好多嗅觉比味觉来得更直接,而且更敏感。通过嗅觉的话会表现出来,而且鼻子扮演着最重要的角色,跟小孩一样,刚出生的时候他可能比较挑剔,很多东西不愿意吃。没有嗅觉就不可能成为品酒师,每个人都有这个机会的,是可以靠训练的。比如说到具体的一款酒,什么口感、什么味道、什么香味,你记起来,有时候,我熟悉并且记忆了,什么时候喝过什么样的酒。对我来讲,跟到海边散步一样,海风吹过来,也是有一种香味在里面的。总之,喝红酒要喝出艺术来。

津子围:你讲得很精彩。红酒喝的是艺术,这几年,我所在的城市出现一定程度的红酒热,参加过几次红酒冷餐会,在我看来,很多人对红酒的热心和时尚有关,而对红酒的认识并不那么清楚。

Julien David:对于这个现象来讲,不仅是在大连,在上海或者其他国家也是一样的,最重要的就是要去做一些教育和培训,要去尝试要去喝,而且把感受讲出来,喜欢就喜欢,不喜欢就不喜欢。

津子围:在我看来,喝拉菲跟长城酒的差别不是很大,因为我并不真的懂酒。

Julien David:我很钦佩您的诚实,这是最重要的一点。不是你不懂,慢慢喝多了之后你就会有比较,你会找到你最喜欢的酒。你觉得喝拉菲,没什么感觉,这个完全是对的,是正确的,不管是名庄也好,普通酒庄也好,你最喜欢的那款酒才是最好的。喝拉菲对很多人来讲,啊拉菲,很贵重的,我感觉很好,感觉很懂似的,喝过! 其实喝没喝过无所谓,喜欢就是喜欢,不喜欢就是不喜欢,就好比路易威登在中国我们都知道了,现状应该会有改善的,这需要时间。在上海,我们做红酒活动的时候,很多是年轻人,他们喜欢名贵的酒,而且他们也很浪漫也很在行,很多是女孩子,表现力很强,她们还会讲法文。因为在中国来讲,每个产业都在急速发展,我相信葡萄酒这个行业也会急速发展的。在西方来讲,对中国人的一个印象,就是快,一下子就上来了。

津子围： 您对红酒在中国的发展抱有什么样的看法？

Julien David： 对我个人来讲，我认为每年都是在增长，很快的增长，但是，目前上海的葡萄酒市场已经趋于饱和，包括北京的供应量也比较大，其实最好的市场是在二、三线城市，这些城市加起来的话，能量和潜能比北京、上海大得多，多了不知道多少倍。在中国国内有个现象，很多酒需要好的价格提供出来，依照目前中国的状况来讲，好的葡萄酒必须靠钱来推的，好的价格才能买到好的葡萄酒，其实在香港用合理的价格也可以买到好酒的。所以，我觉得产品的品种也会有所调整，可能不完全针对像我们今天讲究的这些大品牌，追求价格和时尚，可能更多去注意适合消费者的小品牌，那些不怎么知名的但质量比较好、价钱比较好的小品牌，那样，葡萄酒的消费就更理性了。

津子围： 中国的茶叶对中国文化的传播，曾经历史性地起到一个作用，但是也有其局限性，往往由于它的影响力反而遮蔽了中国的其他优秀文化，像很多外国人只知道中国有瓷器、茶和功夫，红酒是不是有这样的情况，在一些中国人的印象里，红酒是法国的，是法国人对人类的贡献，这种认识的另一面是遮蔽了其他的部分。

Julien David： 是的，外国人也有这样看的。但是法国人自己并不完全这样看，很多外国人看酒标，一看到是法国产的，认为法国的葡萄酒就是好酒，但是法国也有不好的酒。在中国看，在大连看，一看产地是波尔多的话就认为是好酒，因为是法国的，就跟"好"联系起来。这是从法国的文化和历史来受益的，但我不可能说所有的法国酒都是好酒，好酒需要的是品质，要坚持保证这个质量，这是很难的。事实上，像意大利、澳洲、智利都有很好的酒。应该是 15 世纪末 16 世纪初，西班牙和葡萄牙的海上无敌舰队将葡萄树带到了南美洲。英国、法国和西班牙把红酒文化带去了北美洲。17 世纪，荷兰将葡萄藤栽种在南非。18 实际末，英国人将葡萄藤运去了澳大利亚。19 世纪末，发生了一场葡萄种植历史上最重要的事件，

托马斯·杰斐逊曾热心地在写给朋友的信中论及葡萄酒的等级，并且也鼓吹将欧洲大陆的葡萄品种移植到新大陆来。

红酒文化传播更加充分了。美国独立宣言起草人杰斐逊就对葡萄酒的传播做出过努力。

津子围：澳大利亚葡萄酒在大陆也兴起来了，它的酒喝起来甜**丝丝**的。

Julien David：澳大利亚总统中文讲得很好，我们打过交道，我刚刚从澳洲那里调查回来。你说得很对，有这种情况，为什么这么说，因为澳洲的气候不一样，很多葡萄成熟度比较高，温度高成熟度就高，含糖量高。基于我对中国市面上的澳大利亚红酒的理解，我会用那个白葡萄酒搭配，或者用辛辣一些的酒搭配，配合海鲜食品就很不错。因为像很多辛辣的，需要和甜搭配，糖可以中和辛辣。……那么，您对大连的葡萄酒市场怎么看？

D I A L O G U E

我们倾向于把我们的酒看作是来自土地给予人的礼物，而不是品牌。——拉图酒庄（Chateau Latour）总裁费德列克·安杰乐

津子围：我对经营方面不是很懂，从某种意义上讲，我仅仅是一个消费者，但是我觉得现在有一种趋势，这种趋势是不是和中国人收入提高，就是市民收入的普遍提高有关，也就是说，人们食物方面的消费满足之后，佐餐的消费会相应提高。这是一个基础。随着经济发展和人们生活水平的提高，葡萄酒的消费自然也会增加，所以说，总的趋势应该是乐观的。还有一个是时尚的推动作用，尤其年轻人，他们的消费不一定和

收入直接挂钩,而是与生活方式有关系,不然,就不会有"月光族""啃老族"等等这些称谓了。时尚也会起到推动的作用。当然了,我不认为时尚等同于品质,而选择最适合的产品才是最终的结果,换句话说,重要的是最适合的而不是最贵的。

Julien David: 对,这也是我的想法。

津子围: 总之,我觉得市场是好的趋势,为什么这么讲呢,人们对生活的需求肯定是往好的方面发展,追求健康、追求品质,这样的话必然会导致市场前景看好,这种追求当然是有基础的,中国现在进入到这个新的平台之后,大家都会体验和追求美好的生活。

Julien David: 是的,大连这个城市,我看得到,十几年,就成为快速发展的一个案例。我在这里也看到了葡萄酒的美好未来。

津子围: 同时,还需要有更多您这样的专业品酒师。葡萄酒的鉴赏知识也是"文化资本"。

Julien David: 谢谢您的夸奖!

葡萄酒的鉴赏知识是一种"文化资本"。摘自"新马克思主义学派"代表人物戴维·哈维的《地租的艺术:全球化、垄断与文化的商品化》一书。

DIALOGUE

用音乐连接大家的心

与琵琶演奏家エンキ阎杰（日）对话录

时间：2009 年 9 月 9 日

地点：星海湾广场

エンキ阎杰简介

　　著名琵琶演奏家。1985 年毕业于沈阳音乐学院,进入辽宁歌舞团担任琵琶演奏员,多次参加电视与电影音乐演奏,与辽宁乐团合作演出的琵琶协奏曲《草原小英雄》获得优秀表演奖。1991 年赴日本留学,研究生毕业于日本大阪教育大学音乐教育专业。近年来,先后在欧美、日本举办个人专场演奏会。在国内北京、上海等地参加大型文艺演出。2006 年自己创作并演奏的曲目《山河的风》获得大阪国际艺术节银奖。2007 年,参加大连市与日本舞鹤市建交 25 周年庆祝会专场演出,2009 年参加夏季达沃斯会议晚会演出。

　　津子围:您刚从日本过来,我们就有了这个会面,我觉得十分高兴。

　　阎　杰:我也十分高兴。我知道今天的活动不是记者的采访,是作家与艺术家关于文化方面的对话,我非常有兴趣。

　　津子围:我了解到,您这次过来,主要是参加夏季达沃斯的演出活动,达沃斯被誉为经济联合国会议,能在这样一个平台上演出是光荣的,到时候会有很多国家的政要和经济界领袖看你的演出。

　　阎　杰:是的,我的经纪人也是这样对我说的,演出时,我会加油的!

　　津子围:正如您提到的,今天我们的对话主要是从文化的角度来进行的。这段时期,我比较关注文化和时代的关系,比如说,我们东方在世界一体化当中走到一个时段了,那么我们的传统文化和现代文化之间是怎样的关系呢? 有种说法叫经济一体化,地球越来越像一个村子了。这样说来,东方文化也是世界文化的一部分。

　　阎　杰:我认为文化一直是交流的,比如说音乐艺术都是一样的,有的从中东过来的,也有印度的,我演奏的虽然是中国的琵琶,但是在日本也十分受欢迎。

　　津子围:是的,音乐是无国界的,但是文字受到其载体的限制,有的时候会有一些交流的障碍。一如奎因的"译不准"

原理,当一种语言翻译成另一种语言的时候,就不是原来准确的意思了。

阎　杰:也许是吧,不过音乐不会的,就像您说的,音乐是无国界的。

津子围:是的,音乐是国际语言,音乐没有这方面的障碍,差别只是欣赏习惯不同吧。在历史上音乐是插上翅膀的交流使者,有好多次这样那样的交流。在我的理解中,琵琶应该是从西域传到了中原,但是它被中国视为民族乐器,是中国的民族乐器,作为民族乐器而不是西洋乐器的演奏家,您为什么要到日本去?

阎　杰:我7岁的时候,开始跟着姐姐阎敏学琵琶演奏,没想到竟这样与琵琶一生结缘。1981年我考入沈阳音乐学院民乐系,主要学习琵琶演奏,1985年毕业后进入辽宁歌舞团任琵琶演奏员,曾与辽宁乐团合作演出过琵琶协奏曲《草原小英雄》,并参加了《风尘女侠》、《吕四娘》等影视剧配乐。那年,我到日本演出交流,今天我把照片也带来了……我觉得日本对传统音乐很容易接受。原本我想,如果我留学的话,我就去美国,当时年轻气盛,我会说英语,也是个光荣的事情,来到国外很多人都能说中国话,那么我能说英文的话,就觉得很自豪的。后来,我见到一起在歌舞团工作的姐妹,她去过日本,她向我介绍日本的情况,她是弹钢琴的,她说你是搞琵琶的,应该去日本留学,日本也有琵琶,这样就比较接近,你可以去美国,但是你不觉得西方稍微有点远吗?我后来一想,她说得也对,留学的话先到最近的日本去,然后从日本学完后也可以到美国,于是就把自己的想法改变了。就这样,1991年我去了日本,第二年,我考入了大阪教育大学,攻读音乐教育研究生。这一去就是19年。

津子围:琵琶被视为中国的民族乐器,在日本,他们怎么看待琵琶?

阎　杰:日本也有琵琶,但与我们中国的琵琶不一样,日

奎因的名著《语词和对象》,有人称它是本世纪两部影响最大的哲学著作之一。当年,奎因把装着这本书稿的皮包挂在屋门的挂钩上,对家里人说,如果着火,这是第一件要拿出去的东西。

本琵琶是用很大的拨子弹的，我们是用手指甲弹，日本人一说琵琶，就认为和他们一样，其实日本现在的琵琶演奏和我们古代的唐朝是一样的，至今，日本琵琶仍延续中国唐代用绢作弦的传统，而中国的琵琶基本上都是钢弦或尼龙弦。日本的琵琶只有四五个品，品就是按弦的地方，中国琵琶有 31 个品，所以，中国琵琶在表现手法上更加丰富。

津子围：在我的印象中，琵琶，还有二胡什么的，好像是从西域传过来的，比如安息、大食，现在中东地区好像不太容易见到琵琶。

阎　杰：琵琶的意思是演奏手法，向下是琵，向上是琶。我们以前有箜篌、古筝等，琵琶的历史很长，当时所有的弹拨乐器都叫琵琶。都叫琵琶就不方便区别，后来把梨形的叫琵琶。现在我了解的情况是，印度有个乐器就是琵琶形的，希腊有曼陀铃等，和琵琶音色都差不多。日本有一个教授，就想让所有琵琶形的乐器开个音乐会，一定会有很多学者感兴趣。琵琶的发音是外来语，是西亚传过来的。

津子围：据我了解，中东、印度地区的音乐会好像也不怎么使用这种乐器了，更多的是西洋乐器。这个乐器在我们国家能够保留，你是不是会有传统继承者的责任感？

DIALOGUE

阎　杰：我也一直在努力。一个演奏家，一个艺术者都有这样的信仰。

津子围：琵琶是否有可能再增加弦呢，虽然乐器有所变化，但是结构没有本质的变化？

阎　杰：现在改造弦的可能性很小，改造演奏手法的可能性却比较大。

津子围：还有一个问题是，琵琶演奏的门槛太高，中国传统文化中很多技艺的门槛都太高。琵琶对指法的要求严格，门槛太高对艺术的普及会有一定影响。

阎　杰：其实弹拨并不难，就像弹钢琴一样，小孩也能弹，大人也能弹。只在于曲子的难易。琵琶是中国乐器中唯一用十个手指弹的。

津子围：男士也能弹么？

阎　杰：当然啊，就像时装大师多半都是男的一样，男士也一样可以弹。现在看来，男士反而比女士弹得好。在日本弹《十面埋伏》，我不是一下子演奏，我边弹边给听众讲述项羽、刘邦的历史故事，尽可能让日本观众进入到中国古战场的氛围里，然后再完整地弹奏一遍曲子。完了我就说，你们就像是回到中国历史的场景一样，那种场面的感觉效果全出来了。他们也就能够理解项羽自刎的时候，为什么弹奏得那么凄凉。日本人都在静静地听，演出结束，他们掌声雷动。弹外国曲子，台上台下互动，大家有一体的感觉，还有为年轻人弹的爵士音乐。弹到传统的时候坐着弹，弹到现代的时候站着弹。比如中国古代的曲子《高山流水》，给人一种高雅的意蕴。我弹《高山流水》的时候就会让观众感觉这个曲子只能用琵琶来弹，他们越这么想，他们越接近琵琶。

津子围：可不可以这样理解，中国和日本都处于一个大的文化圈内，很多东西有着共同的或相近的起源，琵琶当然是其中的一个。在文学方面，中国有韵律诗，日本有俳句，两者都有关于琵琶的古诗。比如唐代大诗人白居易就写过《琵琶

《高山流水》，为中国十大古曲之一。传说先秦的琴师伯牙一次在荒山野地弹琴，樵夫钟子期竟能领会这是描绘"巍巍乎志在高山"和"洋洋乎志在流水"。伯牙惊道："善哉，子之心而与吾心同。"钟子期死后，伯牙痛失知音，摔琴绝弦，终身不操。

行》，小的时候就读过。还有比较好的句子："琵琶弦上说相思""小莲初上琵琶弦，弹破碧云天"。日本的句子，记忆中好像有松尾芭蕉《琵琶行》。

千呼万唤始出来，犹抱琵琶半遮面……轻拢慢捻抹复挑，初为《霓裳》后《六幺》。大弦嘈嘈如急雨，小弦切切如私语。嘈嘈切切错杂弹，大珠小珠落玉盘……同是天涯沦落人，相逢何必曾相识。——唐·白居易
琵琶弦上说相思，当时明月在，曾照彩云归。——晏几道
小莲初上琵琶弦，弹破碧云天。——苏轼

琵琶行（びわこう）の夜（よ）や三味線（しゃみせん）の音霰（おとあられ）——松尾芭蕉（1644—1694）日本江户时代俳谐诗人，被日本人称为"俳"，著有《谈林十百韵》

阎　杰：大的方面是这样的，但具体还是有很大差别的。我觉得，日本离中国这么近，但是文化有的时候又觉得挺远的，比如语言，虽然看到很多汉字，可差别非常大。我刚到日本的时候，首先是过语言关，过语言关也很难。有的时候觉得自己是咬牙坚持下来的，1994年我考取了日本大阪教育大学，攻读音乐教育专业研究生。作为中国的民乐演奏者，要想在日本主流舞台立足，也不是一件容易的事儿，说起来，我还要感谢三宅一生，三宅一生先生的邀请是令我难忘的。应他的邀请，我参加了东京服装节服装发布会，在T台上，我穿着三宅一生设计的服装，弹奏琵琶，为服装展演会增添了特别的文化元素，演出结束，三宅一生热情地拥抱了我，随后他又邀请我一起参加了法国服装节。也就在那之后，越来越多的日本观众和音乐界人士开始关注我、理解我。

三宅一生，日本著名服装设计师，他的产品流行于全世界，同时张扬着鲜明的日本民族风格，不仅确立了他自身的国际地位，同时也确立了东京为国际时装之都的地位。

DIALOGUE

津子围：演奏的是中国古典曲子？

阎　杰：有很多。日本人没听我的琵琶的时候都以为和他们的一样。既然在日本推广中国的音乐，首先要弹中国民族的曲子，中国民族的曲子有两种，一种是古典的，一种是现代的。我在我的音乐会中第一场一定要介绍中国的琵琶弹法，第二场一般是把琵琶用现代音乐演奏，如爵士乐，拉丁乐。我想现代社会也发展了，时代不同了，我不仅是琵琶演奏者，不仅是把琵琶介绍给日本，而是要介绍给全世界，所以，我用了7年时间把拉丁音乐和爵士音乐体现到舞台上。中国艺术家到日本看了我的演出就说，我看了你的演奏虽然只有5分钟，但是知道你肯定在台下做了很多努力，不然民族乐器演奏拉丁音乐是不可能的。比如说小提琴演奏的都是古典音乐，但是有的小提琴就能演奏打击音乐等。我不仅是琵琶演奏者，我也要大家看到琵琶的发展，我感觉到自己的使命。

津子围：你的演出上半场是古典的，下半场是创新的。

阎　杰：创新也有，就是我自己创作的曲子，在大阪国际艺术节还曾经获过奖。

津子围：什么曲子？

阎　杰：《山河的风》。那是 2005 年，带了两首曲子，一首是传统琵琶曲《彝族舞曲》，另一首就是我自己创作的《山河的风》，那次演出，我获得银奖。内容是关于环境保护的。创作的时候我在想，我们现在是怎么样保护地球和环境的？现在环境的污染比较严重，我一个人没什么力量，但是我能用我的音乐来表现。我就想象大连青山绿水的那种景象，当然，旋律中也有哀婉和沉重的部分，主要是对环境问题的担心和忧虑。曲子分 4 部，第三部写的是爵士的感觉。

《彝族舞曲》为王惠然 1965 年创作的琵琶独奏曲，取材于云南彝族《海菜腔》、《烟盒舞》。

津子围：开头和结尾都是古典的吗？

阎　杰：对，第一部第二部是自然、古典的，是一般的旋律。第三部是爵士的。

津子围：第四部加上了现代元素？

阎　杰：有。第一部、第二部是古典，第三部是现代的，第四部是古典和现代的结合。我要不一样的，尤其是获奖了我就更加有自信了。

津子围：我相信，那之后你更加活跃在日本主流演出市场了吧？

阎　杰：是的，那之后，在日本 NHK 电视台、广播电台等媒体及《日本语》等杂志露面的机会就多了起来，2006 年还十分荣幸地与日本著名的宝塚歌剧团合作演出。不光在日本演出，近年来，我也到北京、上海等地参加大型文艺演出，大连的国际服装节、烟花爆竹节，纪念大连与日本舞鹤市建立友好城市 25 周年等等，我都参加了演出，去年 6 月 13 日，我还参加了日本神户为援助中国汶川地震而举办的赈灾义演。

没有音乐，生命是没有价值的。——尼采

津子围：可喜可贺！单纯从市场的角度，以你这些年的实践，你觉得你的琵琶音乐在中国有市场，还是在日本有市场？

阎　杰：日本的市场好。日本人看我的音乐会，特别是年纪大的人，他们特别喜欢中国的文化，不管是古代的还是现代的文化。不单单是看我，更主要的是欣赏中国的古典音乐。很多日本人都到博物馆或者美术馆欣赏艺术，对我来讲，我是搞音乐的，我感觉音乐和美术都是一体。

津子围：是的，有一句话叫"艺术同宗"。无论文学、音乐还是美术，其实在根儿上是毗邻的，只是表达方式不同而已。……你去日本之前，日本人演奏的琵琶是唐代的，而你弹的是现代的。

阎　杰：所以日本人看我的演出，就更想了解中国的文化了。日本的琵琶和中国唐代的一样，而中国的琵琶已经发展了。

津子围：你在日本还教学生吗？

阎　杰：教的。5 年前我就成立了自己的琵琶文化交流公司，在日本拥有了很多学习琵琶的学生，来大连前，他们听说我要来达沃斯年会演出，他们都伸出大拇指夸赞，说大连能承办夏季达沃斯年会很了不起。我的学生有弹吉他的，还有弹钢琴的，还有完全不会乐器的，在我那里，他们都有很大的进步。我常常想，我不仅要做一个琵琶弹奏者，还要做一个中国琵琶文化的传播者，通过我的音乐，吸引更多的日本人到中国来学习中国语言，学习音乐，了解中国文化。

津子围：你觉得琵琶将来能走向世界舞台吗？像小提琴、钢琴那样走上国际舞台？

阎　杰：这个问题特别好。这个是一定的！中国的民族乐器和交响乐团合作的第一个乐器就是琵琶。我和西洋乐器合作时，他们都说琵琶是最难的。我觉得这个理想是很近的理想。但是有一个前提，就是要有自己的作品。要有中国音乐的特征还要有发展，既有中国元素也要有国际元素。要创作出能被更多人理解和接受的音乐。我特别有信心。

津子围：柴可夫斯基说过一段表面上矛盾的话：音乐是上天给人类最伟大的礼物，只有音乐能够说明安静和静穆。其实，琵琶更多地表现了中国的传统韵律美，也更适合表现这种古典音乐。比如追求宁静、平和和禅意智慧，通常还通过音乐来阐述中国传统哲学。有的时候，在不经意中就表达了，不自觉地就能表达出中国文化的特质，比如中国很多老百姓没有读过四书五经，但也能讲出很多经书的话和哲理。你作为一个创作者，在演奏中你是怎样体现中国传统文化内容和元素的，这些中国元素是不是能让你的琵琶演奏走向世界？

阎　杰：对我来讲，当然要把中国传统的东西继承好，但是，重要的是要有发展。

津子围：你觉得琵琶演奏的优势在哪里，琵琶，或者说中国的音乐有市场吗？

阎　杰：当然有，而且市场很大。自己要有信仰，这个很重要。我想学爵士音乐的时候，我花费了不少精力，当然在经济上也是一种花费，你不去听和看，你就不能融合这个音乐，所以一旦决定做这个事情的时候，就需要花费不少工夫，但是我花费得很值得，都回来了，我说的回来不是说我付出多少，我又回报多少。用肉眼不能够看见的回报是最好的回报。音乐是用眼睛看得见的,但是看不到价值,不能说这个作品多少钱,它是无价之宝。自己的作品不能说是无价之宝,但是能够说有这种信仰很重要,我要是能达到这样不是更好了吗!

津子围:我理解你的说法。我想进一步讨论的是,日本的传统音乐在现代化进程中是不是也同样遭遇一些尴尬?受西方音乐的冲击影响,被边缘化了,日本的传统音乐是不是也很难在大剧院里演出?

阎 杰:是的,日本的传统音乐是有限的,是极少的部分,美术也是这样,传统的画有人喜欢,但是正常一般的老百姓更愿意看油画,油画接受的比较快,这个可能和宣传有关系。如果在电视里演流行歌曲,那么很多人自然就靠到那边,反过来,电视里总演民族的,像日本的古筝啊、琵琶啊什么的,大家就会对这个有亲近感了,总之与宣传有关系。我觉得日本民族乐器在日本市场很小,商业演出也不多。我不知道和中国是不是一样,日本有短歌,比如说诗歌什么的,这个需要传统音乐配合的。在日本,有的画家会写诗什么的,你们作家可能看不好，但是他有这个想法，日本搞民族音乐的会写诗，有的会画画。

DIALOGUE

津子围：他们在哪儿演出？

阎　杰：在饭店特别多。这里说的饭店不是我们说的办舞会的饭店，而完全是高级会所，开会议的时候先是作家讲演，然后就是音乐，这种样式特别多，完全是音乐会的形式很少，就是有的时候也是十几个人或者是几十个人一起演。我一个人的音乐会只能我自己演。我也很欣赏他们，我经常去听，我觉得和时代不远，我很喜欢听传统的音乐。

津子围：日本有用传统的乐器演奏现代的东西吗？

阎　杰：有的，但是很少，表现力不会比中国的琵琶强。我看过他们的演出，他们是有想法的，但是毕竟是少数的人，每个人和每个人都不一样，环境不一样，我去听日本民族音乐，他们都穿日本的传统服装。

津子围：传统音乐会不会越来越窄，市场越来越小？

阎　杰：我想会越来越小，现在的年轻人越来越不接受这个东西，是时代的原因。现代人听音乐，很难接受 20 分钟的。

津子围：所以，传统音乐的出路在于创新，无论在中国还是在日本。是这样吧？

阎　杰：是的。

津子围：从你的个人经历上看，你从中国走出去，到日本的环境当中去演出和实践，做艺术事业，我觉得，你现在和当初在辽宁歌剧院的时候肯定不一样了，即便演奏同一首曲子也会有不同的，是不是这样？不知道你有没有想过，更多地回中国演出？

阎　杰：我特别想回中国演出，因为在中国我学的东西大家都会，我特别想把国外的东西介绍给大家，而且和我一起演奏的人都说，你应该回中国演出。去年，"辽歌"到日本演出，我去看了，他们在"求变"，演出第一部是中国的传统音乐，第二部是创新的。我知道他们并不完全是给日本人准备的，我也不能说他们有不够的地方，但是我看日本人非常高兴地鼓掌。他们的演出非常好，看到以前的同事演出的场景特别高兴，同时我也默默在想，有一天我也会打到世界市场的。

津子围：你在欧洲演出过吗？

阎　杰：在法国演出过，在美国夏威夷也演出过。

津子围：在欧美演出的时候，你觉得他们喜欢琵琶吗？

阎　杰：有人会喜欢中国琵琶。在日本也是一样的，不是说日本人都喜欢中国琵琶，比如你是搞体育的，也许你是搞体操的，也许你是搞排球的，搞排球的人不一定就喜欢体操。音乐也是，有人喜欢交响乐，有人喜欢轻音乐。至少来听的人有个前提，就是说，他们一定是喜欢中国的，而且如果不了解中国，也会有这个想法，中国的乐器是什么样的，我去看一下。

津子围：我好奇的是，在法国演出的时候，华人多还是欧洲人多呢？

阎　杰：当然是欧洲人。

津子围：你觉得他们反响如何？

阎　杰：比我想象得好。

在真正的音乐中，充满了一千种心灵的感受，比言词更好得多。——门德尔松

津子围：如果琵琶将来走向世界了，你觉得它的最大优势是什么？我觉得你对这个问题的理解肯定很多，毕竟，你的专业是琵琶。

对我来说，音乐是灵魂的完美表现。——舒曼

阎　杰：按照专业化来讲，琵琶是弹奏乐，笛子是吹奏乐，小提琴是弦乐。琵琶的优势在于它是弹奏乐，同时它还有弦乐的表现能力，这就是我为什么对琵琶有这么大的兴趣和信心。如果说笛子，它想有弦乐的感觉，弹奏乐的感觉，它表现不了。你想要二胡有弹奏乐的感觉也是表现不了的，而琵琶两种可能性都会有的，这是它最大的优势。还有它的演奏比较丰富。我觉得，琵琶走向世界是非常可能的。比如中国第一次举办奥运会，谁能想到中国的奥运会那么好，那么成功，不仅是给中国看，更重要的是中国也能成功举办奥运会。我对琵琶的心情也是一样，我坚信中国的民族音乐也会打到世界市场。

津子围：在我看来，但凡从事艺术劳动，包括我们写作，包括你演奏琵琶，技法是一个层面的，但是更重要的是修炼、修养，修炼到了以后，境界到了，就比出了高下。想成为大师，光靠技法是不够的，重要的是在于境界的提升。

音乐是思维着的声音。——雨果

阎　杰：是的，我特别赞同你的这个说法，我也把很多精力用在"内功"修炼上，也只有这样，才能走得更远。

津子围：我觉得，演奏家和演奏者的区别在于，演奏者把演奏当成一种生存的方式，演奏家首先是热爱这样的事业，在继承的基础上进行创新，把乐器的推广作为一种责任。时代发展到今天，我们是不是看到了这样一个重要的契机，就是经济全球化的同时文化也要全球化。因此，我觉得，琵琶只有走向世界才有未来，就是说琵琶的生命力在于创新发展，不论是什么样的艺术，如果要创新发展，必须要有融合，兼收并蓄，把最好的内涵和表达方式恰当地融合到时代的文化之中。这样说，算不算我们今天对话的主题？

音乐是比一切智慧、一切哲学更高的启示。——贝多芬

阎　杰：当然是今天的主题和重要的观点，同时，作为琵

琶演奏者，我觉得我实现的途径是：用音乐连接大家的心，这个非常重要。

　　津子围：谢谢你，希望在达沃斯的演出上你能实现这个愿望。

"推陈"才能"出新"

与著名书法家苏士澍对话录

时间:2010 年初秋

地点:大连

苏士澍先生简介

苏士澍,1949 年 3 月出生,北京市人,满族。全国政协常委、国家文物局文物出版社名誉社长、全国鉴定委员会委员、中国书法家协会副主席、中国书画收藏家协会会长、中央国家机关书画协会主席、全国政协书画室副主任、中国文物保护基金会副会长、中国书协中央国家机关分会副会长、中国绿化基金会中国艺术家生态文化工作委员会主任、西泠印社理事、中国和平统一促进会理事、中华海外联谊会理事、中国环境文化促进会理事、中国书法培训中心教授、中国书协评审委员会委员、中国教育学会书法教育专业委员会副理事长。

自幼酷爱书法篆刻,少年时拜刘博琴先生为师,中青年后师从启功先生。多年来从事中国古代书法碑帖编辑出版工作。工作之余从事书法、篆刻的创作。兼习诸体,擅长鸡毫作篆隶,饶有特色;行草流畅,韵味极浓。篆刻宗秦法汉,寓己意于古风之中。

曾多次参加国内外各种大型书画展览,曾多次在日本、台湾及港澳地区举办个展及书法讲学活动。1997 年荣获中国文联"德艺双馨"百家会员称号,同年享受国务院政府特殊津贴。1999 年荣获人事部"有突出贡献中青年专家"称号,2009 年获第十届"中国韬奋奖"称号。

编辑出版了我国古代各种书体工具书《草字编》、《隶字编》、《行书编》、《篆书编》、《楷书编》。主编多卷本《中国书法艺术》。主持并策划编辑出版了《历代碑帖书法选》、《中国真迹大观》,百卷《中国历代书法精品大观》等等。

主要研究鉴赏范围:中国古代书画、碑帖、碑帖印刷品、印材。

DIALOGUE

2009 年 3 月 8 日召开的全国政协十一届二次会议第三次全体会议,16 位委员代表作大会发言。苏士澍系发言委员之一,他认为,书法教育大有淡出教育体制的危险,国家应该加强对学生的书法教育。

津子围: 今天非常高兴和您对话。我知道,您既是书法大家,也是做事的大家。我想,您对汉字和中国传统书法一定有深刻的理解和认识。现实情况中的确有我们忧虑的一面,比如说传统的书写问题,我感觉在这个时代好像突然之间一下断掉了,现在大家都用电脑,提笔忘字,甚至不会写字了。

苏士澍: 是的,去年我在全国政协会上有个发言,发言的题目是"加强青少年汉字书写教育刻不容缓"。现在的情况是,一笔好字被电脑给废了,因为时间在越来越往前发展,经济也越来越突飞猛进,汉字也必然要发展,所以在这当中首先感谢安子介,他在汉字与现代科技结合上、在汉字怎么输入问题上做了大量的工作。加上当代的毕昇——王选,进一步地

DIALOGUE

把汉字和激光照排有机地结合了。汉字和电脑问题的解决，使近百年来"汉字落后论"之说彻底平反了，所以现在不管是英文、法文、德文、日文，最好最快最精确的还是汉字。单凭输入速度来说，打一个八个字的词组，哪种语言也没有汉字快。好事吗？绝对好事，但是也是双刃剑。过去没电脑，没电脑的时代我们必须写字，现在不同了，大家都用电脑，特别是年轻人，已经离不开电脑了，都不写字了，不写字当然会提笔忘字。在这种情况下，作为中国人，不能把汉字丢掉，因为两千年的事实证明，中国的汉字首先是形、音、意三者结合，有形，知道怎么写，发出什么声音，就知道它是什么意思，这是汉字最难得的。古埃及也有象形字，那个象形字比我们还早一两千年，为什么没延续下来呢？而中华民族一直延续到今，中华民族为什么能延续到今天，就是因为我们祖祖辈辈使用汉字，所以从历史上来说，汉字就是中华民族的根，没有汉字就没有中华民族，所以在我们迈向经济强国、大国的时候，我们不能把汉字丢掉，更不能在我们手中把汉字消亡。所以应该把汉字好好地一代一代传下去，这是汉字的一个最根本的问题，也是我们这代人的历史使命和责任。

安子介，香港知名实业家、著名爱国人士、杰出的社会活动家、中国人民政治协商会议第九届全国委员会副主席。安子介也是著名的语言文字学家，他几十年如一日，孜孜不倦地对汉字学进行研究并撰写著作。1995年，他用英文撰写的《汉字易学》专著成为外国人学汉字的热门书。他发明了"安子介汉字六位数计算机编码法"和"安子介写字机"。"安子介写字机"具有编辑、修改、储存、传递及书写10国文字的功能。

我们的汉字有3000多年的文化历史，它是用毛笔书写，不是用鹅毛、也不是用硬笔，是用软笔写字。有汉字的方块结

王选（1937年2月5日—2006年2月13日），曾任中国科学院院士，中国工程院院士，第三世界科学院院士，是汉字激光照排系统的创始人，他所领导的科研集体研制出的汉字激光照排系统为新闻、出版全过程的计算机化奠定了基础，被誉为"汉字印刷术的第二次发明"。

构,又有中宫紧凑、四外开合的造型美,所以汉字本身就具备了这种艺术的功能,因为有笔有墨有纸有砚,四种工具共同解决汉字,所以说它是门艺术。在这门艺术当中,从甲骨文到金文大篆、到小篆、到隶书、到竹简帛书、到魏碑、到行书、到草书、到楷书,直到今天的简化字,经过这么一个漫长的发展历史,还没断,还在继续沿用。在这种慢慢的变化当中,中国书法也会一步一步地传承发展下去,这是我们这一代人的历史责任和使命。在共和国成立 60 周年的时候,我搞了一个"歌颂祖国、弘扬文化金石书法汇报展"。这个汇报展,是把我自己五十年来的一些心得体会用篆隶草真行各种书体来表现,并把我们老祖宗传给我们的一些甲骨文、金文、汉碑、唐碑的一些拓片拓下来给予题"跋",来体现一个文化的历史传承。我这个展览不是就写五张字,二十张字,而是把中华民族的文化用书法的形式给它表现出来,没抄任何一篇东西,但都是从历史的文化遗产当中脱胎下来,用自己的语言、自己的诗词给它表现出来,再用真草隶篆各种书体,描绘和歌颂祖国三千年的历史文化。在当前经济大潮的冲击下,大家都向钱看的情况下,更应该把中国的书法,通过我们的努力给它表现出来。比如说,过去我想找一个唐碑、找一个汉碑不容易,你没有钱也没有经济实力去买,现在呢,温饱解决了,有闲钱还能买得到历史上很珍贵的东西。再用今天的语言、今天的诗词、今天的形式给它表现出来,这不是最好吗?所以我觉得汉字不是没有前途,而是前途无量,是看你怎么把自己的心得和历史的传承有机地结合起来,这也是我们的书法家今后发展的方向和目标。

津子围:刚才您谈了中国汉字的发展和我们的历史责任。过去,书写是基本的、日常的工具,比如官员,科举要写字,而且要写一手好字;出仕之后处理文牍,时刻也离不开书写,不仅要写还要写得工工整整,不工整别人就不认识。不说那么远,就是我小的时候,也描红描绿,书法是学习语文课的组成部分。现在的问题是,写作被书法化了,变成了艺术品,一旦变成了艺术品,离大众化的生活越来越远了,高雅而不普及了。

2009 年 6 月 25 日,由全国政协科教文卫体委员会、全国政协书画室、国家文物局和中国书法家协会主办的"歌颂祖国、弘扬文化——苏士澍金石书法汇报展"在中国美术馆举行。展出书法及篆刻精品共计百余件,作品情深意切、格律规整,浸润着苏士澍先生深厚纯正的中国传统文化的底蕴,凝聚了他对国家、民族、文物事业的一片挚爱之情。

DIALOGUE

苏士澍：这绝对是个问题，所以我在去年《加强青少年汉字书写教育刻不容缓》的发言中，根本就没提书法这个字眼儿，为什么呢？我做了些调查研究，教育部 2002 年出台的《关于在中小学加强写字教学的若干意见》，就中小学生学习书法的重要性，为学生写好汉字创造环境，以及书写应达到的水平都提出了新的要求。然而，从全国总体情况看，推动中小学书法教育政策的实施情况并不乐观。90％以上的中小学没有书法课，有的中小学虽设书法课，但名存实亡，书法教育大有淡出教育体制的危险。艺术课里边虽然其中有书法，但是由于大家对这个问题不重视，也没有更好的语文老师去教课，对于汉字书写进一步的提升和重视，慢慢就被疏忽了。再一个是，毕业考试作文卷子写得很乱，写得好的国家也没有给予一定的政策倾斜和支持，比如我上初中的时候，卷面好可以加三分，加五分，现在没有了。今天只是关注在嘴上，都说字写得不好看啊，包括老师、大学教授、博士字写得不好，都属于埋怨、抱怨，没有人给予足够的重视，现在怎么办呢？我觉得应该从娃娃抓起，青少年加强汉字书写非常重要，是刻不容缓的，因为汉字是中华文化的重要载体，弘扬中华民族的优秀传统文化,就不能不重视汉字在文化传承方面的重要作用。所以,就要号召老师,把从小写好汉字当成一个很重要的内容去抓。各种社会团体,书协、美协每年定期定时搞一些活动,给予支持。今年我又提出来了,每年9月1日那一周作为书法周,在全国范围内从小学到大学,这一周里业余时间不干别的,就是让你练写字练书法,当然你上课该干什么干什么,业余时间推动书法。各个学校也好,各个协会也好,少年宫也好,用一天的时间太短,一个月时间又太长,所以我们就提出用一周的时间作为书法周,加强孩子对它的理解和支持。中国文字和书法体现了中国文化的底蕴和风格,代表了民族的精神和文化的根。只有进一步重视青少年学习传统书法的工作,孕育在中华文化土壤中极具文化价值与艺术品质的传统书法,才能在新的文化环境里发扬光大!

津子围:往往是这样,文化变革总是伴随着工具的革命进行的,有的时候甚至是工具的革命在先。过去有句老话,手巧不如家什妙。在电子笔替代传统书写工具的今天,书法是不是也面临着变革?

苏士澍:这要从两方面看,首先是继承,当然,在继承的基础上还有发展的问题。在继承方面,书法工具,笔墨纸砚还要给予适当的提升,所以在政协两会之后,我在政协礼堂里举办了一个"笔墨纸砚,承载文明金石书法文房展"。这个展览的目的是什么呢?你看了我的展览前言你就知道了,就是在我们这个大家庭当中,在这种经济大潮当中,要想传承中华民族的文化,笔墨纸砚这文房四宝非常重要,可是经过这几年的调查研究,文房四宝虽都已经列入非物质文化遗产了,但是制作它们的这些民间艺人还生活在贫困线上,不是说纸不好,也不是笔不好,而是没有人给他们以足够的重视。这几年,因为我在文物出版社工作,想做国宝级的书画复制,所以到中国安徽文房四宝的发祥地做了一些调研,掌握了一些情况,我是想通过这个展览,把做笔墨纸砚的这些非物质文化的传人推到前台,所以展览的时候把那里的几位大家都请到北京,领导们接

2009年3月15日,全国政协科教文卫体委员会、全国政协书画室、国家文物局主办,文物出版社、中央国家机关书画协会、中国书画收藏家协会共同承办的"笔墨纸砚,承载文明——苏士澍金石书法文房展"在全国政协礼堂隆重举行。该展的目的是:挽救发扬民族的文化工艺,推动文化与产业的合作,共同弘扬民族文化而携手共进。

DIALOGUE

见,促使他们当地政府对这些人给予支持,效果非常好,从贾主席开始,还有政协几个副主席都看了,觉得应该给他们一定的支持。现在,省里、文化部和市里对几位非物质文化传人都很重视,都很支持,光靠我个人的力量是不够的,一定要请大家给予支持。今年6月,全国政协领导带队去安徽考察,一看确实不得了,今年10月安徽省成立了文房四宝协会。通过这么一个展览,省里边带头,国家一支持等于就把这个产业带动起来了,过去这个产业都是小作坊式的,你卖一千,他卖九百,他卖八百,他卖六百,最后使这些非物质文化传人慢慢地一点儿出路都没有,东西很好,但是靠个人力量走向市场是不行的,必须得走集体化、产业化的路子,而这期间,需要国家给予一定的政策支持和扶持。

津子围:这里还有抢救文化遗产的意味。

苏士澍:起码是一种促进。所以我就说,第一个展览是"歌颂祖国,弘扬文化——苏士澍金石书法六十年的汇报展",把祖国的两千年的渊源文化,通过书法的形式表现出来。那么,要想传承靠什么?靠笔墨纸砚。第二个展览就是"笔墨纸砚,承载文明——苏士澍金石书法文房展",把笔墨纸砚放到了一个特定的环境下,它来承载文明。你再怎么说,中国书法、中国绘画也离不开笔墨纸砚,从王羲之到当代的启功,没有一个离开笔墨纸砚的。通过这个调查研究我们发现,李可染大师和红星宣纸厂周师傅他们俩有18封信,都是谈论如何提高宣纸质量,从中可以看到李老对宣纸的要求是多么严格。我们说像李可染这些大家,不是说大家就好,因为他们背后有很多故事,他们对于文房四宝的这种爱护、支持和品评,是值得我们年轻人学习的。现在市场经济了,没有人去支持它,光给它提要求,不给它一定的生活保障,它怎么能够传承下来,经济好了,对这些传人应该给予适当的关心爱护和照顾,让他们把这种手艺一代一代传下去,不管是高层次也好,低层次也好,满足各种不同需求,这样才能够普及。

再一个是继承基础上的发展。得现身说法(去拿日本制作的毛笔），这个笔就是发展了的方便毛笔。这是日本发明的笔，完全是毛笔，尖也是毛的，水不干。孩子从一年级开始写字，有铅笔、圆珠笔、钢笔、签字笔，完了之后就没有这种笔，孩子们拿一个墨盒，拿一个毡子，弄得满脸满身都是墨。如果有这种笔，携带方便，更适合孩子练习软笔字。这种笔三十元，日本产的，如果我们自己做，五元、八元，成本降下来了，孩子们写字拿这些笔就行了，慢慢就有毛笔的感觉了，如果我们用它写熟了的话，那你再用毛笔，就没问题了。来之前，我还开了座谈会，现在这种笔国内也有卖的，别的我们都过关了，就是这个墨水不过关，它这个墨水，你写多少字不往下流。而我们生产的这种毛笔，墨液不过关，笔尖做得粗糙，没有它这么灵，不过，凭借中国人的聪明才智，慢慢都会解决的，到那时，一个月就换了，顶多几元，推广就没问题了。

中国书法为什么能成为艺术，它有三个要素。一个书法首先得看用笔，第二看结构，第三看章法。实际上好的书法就这么三条。但是我们书法里边又有三个要素，笔是软的，墨是稀的，纸是洇的，这三者和这三个要素加在一起必然要完成一幅书法作品。你说你用硬笔划出道来，没有那个感觉，纸不洇没有那个张力，毛不软写出来的字就没有弹性，所以笔软，墨稀，纸洇，再加上笔法、结构、章法。三个要素，三个条件构成中国书法艺术。但随着时间的推移和变化，它可以有字体上的变化，开始甲骨，大篆，再到小篆，小篆以后，书同文、车同轨，再到隶书了，小篆慢，隶书快，完全都是实践中产生出来的，所以字体的演变也是历史的进步和发展，不能说发展到今天有电脑了我们就不用汉字了，不发展汉字了，这是错误的，还要继续发展和完善。

津子围：基于此，我们的传统书法是不是也面临着一个大的变革，变革的条件首先是社会已经发生重大变化，科技在生活中的广泛应用，这个趋势已经无法改变，我们想不用电脑，没有这个可能了。你如何看待书法的变革呢？

苏士澍：历史向前发展，不可能倒退，我刚才说书法的体，甲骨文到大篆，金文到小篆，隶书、行书、草书、楷书到今天的简化字，都经历了每个时期的发展，这是一个漫长的过程，到了今天，还得继续往前发展，往前发展不是说我们把简化字再简化，为什么国家批准第一批第二批，第三批就不批了，就是因为第三批的简化字当中有很多把本意都变了，展览的展，尸下面一横，演出的演，三点水，一个宝字盖，下面一横，就完了，不符合中国造字方法。中国造字方法，象形、指事、形声、会意、转注、假借，六种造字方法，叫"六书"。还是不能离开这个。发展到今天，不是每人都要速记的，而是要用电脑一输入就成文字的，在这种情况下，书法的功能发生质的变化，我们怎么去发展，怎么去理解，不是不发展，还是继续发展。比如说，目前，我们正跟书法家协会开发书法方面的电纸书，一打开电脑，篆字、隶字、行书、楷书，通通都在这里。一点击，篆书怎么写、楷书怎么写全都出来了，为书家提供方便。另外，我们拿出一个电脑，只要使劲一写，根据笔在板子上的轻重来决定这个字的重与轻，用电脑的书写代替毛笔的书写，这不是更简单吗？电脑代替了传统的笔墨纸砚。这样的话我觉得也是一种革命，一种书法工具的革命，但是不管怎么变，我们传统的宗旨、要素不能变。

"六书"的这个概念始见于《周礼·地官·保氏》，"保氏掌谏王恶而养国子以道，乃教之六艺，……五曰六书。"东汉郑玄注引郑众说："六书，象形、会意、转注、处事、假借、谐声也"。许慎《说文解字叙》把六书之名定为：指事、象形、形声、会意、转注、假借。一般都认为，六书中象形、指事、会意、形声属于造字之法，即汉字结构的条例；转注、假借则属于用字之法。

DIALOGUE

津子围： 工具的变革必然带来书法本身的创新。我自幼喜欢书法，也参加过几届中日韩书法展和国内一些书法展，书

法的创新是所有从事书法创作者共同的话题。这几年，我觉得日本书法跟传统书法"脱"的比较大，所谓的现代书法，您怎么看书法"现代化"的问题。

苏士澍：日本书界有一种说法，叫前卫书法也好，叫现代书法也好，其实是把汉字的本质、要素变化了，或者说用今天活人活的精神表现出来，就是几个字，画意比较多一些，这个可不可以？可以。但是有一个前提，必须是在理解传统书法的基础之上，有继承、有发展，如果传统功力不够，对传统的美感、笔法、结构理解不够到家，随心所欲的就创造了一幅作品，那能成为艺术吗？很多人在这方面很保守。中国汉字是形、音、意三者结合，这三者应该再好好去开发它，我觉得这是书法家们未来的任务，好好去开发，去做探索和创新。运用时代的创新精神，加上我们身后的功底，加上我们笔墨纸砚的精到，肯定还会创作更好的杰作，这一定是方向。传统的，二王的，你该写的写，该做的做，表现这种时代精神风貌的，要有视觉冲击力的，那就是你创造的源泉。如果老用传统的，泥古不化，一点新意没有，那人家也不欣赏。所以传统和现代，最原始积累和最现代化手段相结合，这两者撞击就是未来各种艺术家的目标，也是最难的。李可染先生有那么一句话，对绘画说的，用最大的功力打进去，对于传统文化好好的扎根，用最大的力气还要打出来，这个打出来就是创新。所以毛主席提出来百花齐放，推陈出新，这话很有道理，你只要把陈都继承了，新也就在其中了。所以现在提出来创新，其实创新是在深刻继承传统的基础之上，只有"推陈"才能"出新"。

DIALOGUE

古坛的意象

与法国著名画家方索(Fran ois Bossiere)对话录

时间:2008 年夏季

地点:大连

方索简介

方索(Fran ois Bossiere)1956年出生于法国巴黎,现为法国职业艺术家协会会员。1981年毕业于法国国家高等装饰艺术学院。1986年获得巴黎"拉豪彤德"(La Rotonde)绘画一等奖。1989年油画作品"狂欢节"(Romeria)由法国交通部收藏。1996年枫丹白露城堡美国艺术学校艺术家陪读。个展有:1986安东尼康笃画廊,巴黎。1994新意画廊,台北。2002"看之时间",保罗布鲁斯医院画廊,巴黎大区。2002"十年回顾巡回展",布列塔尼省普来美画廊,麦德力纳克画廊,鲁笛亚克画廊。2002"墨迹、墨意、墨趣",一千零一月海角,布列塔尼布鲁斯特。2002纸主牌画廊,巴黎。2003"反五系列"(美国诗人 S. Vessels 配诗),时间之态画廊,布列塔尼安维尔湖。2003"中法文化年展",布列塔尼首府雷恩。2004"驶向艺术",国际艺术之家,布列塔尼佩鲁斯几海克。2005"内在的远方(1984—2005油画、水墨)"(中法年法国政府推荐画家),4月,北京今日美术馆,"法国艺术家的中国情",8月,天津博物馆。

津子围:方索先生,昨天参加您在溪之谷搞的山上画展——叙事的背后。我注意到了两点,一是关于画展的主题,叙事的背后;另一个是作品的内容,大部分画的是古坛。关于第一个问题,当时我这样想:在以往的艺术表现中,常常是通过直观的、感性的或者情绪的表达,其目的是背后的叙事,也就是要传达的思想和理念。而叙事的背后恰恰反过来,您是想告诉大家,其实复杂的叙事后面是简单的、鲜活的和本性的?

方 索:谢谢您的理解。中国有一种艺术叫刺绣,平时我们只看到它的正面是如何的漂亮,可是如果把它翻过来,就会看到不一样的景象。我想通过作品的另一种方式的展示,发现另一部分真相和美,让疲于奔命的人们在作品前停下来,思考一下,去追溯时间和遗忘,寻找新的起点。而选择古坛这种题材来创作,主要是基于它是一种特殊的符号,这个符号几乎各个文明之初都有它的一席之地,这种世界共有的物质更能给人留下深刻的印象。

津子围:是的。对人类来说,共有的东西很多,天空、海洋、高山、溪流。除却自然的印象,文明的初始却有着共同的记忆,您选择了这个共同记忆的特殊符号,有别于"巴别塔"的共同符号,也许对于今天的文化交流具有特别的意义。

方　索:谢谢您的理解。

津子围:参加画展时还有一个感受,在画廊里,我当时想,全世界这么多人,而每个人的生物时间都是有限的,为什么我们相遇了,我说的相遇既指您本人,也指您的作品。1993年我去美国国会图书馆,那里有很多种书,光中国古代一个时期的书我穷其一生也读不完,用十个、一百个我也是读不完的。但是我读到其中的一本,我觉得是一种缘分。我想表达的是,这个世界有这么多的人,为什么我们能够相遇,能够碰撞,而且这种碰撞事先没有预约。这大概是哲学的偶然与必然的问题吧。那么在这之前,中西方文化有一个"东学西渐"和"西学东渐"的过程,涉及到一个大的、几百年的历史背景。作为一个中国的作家,与西方一个艺术家相逢,无论是偶然还是必然,这样就使得我们今天的谈话有了意义。

方　索:我非常同意你的观点,偶然和必然是一种哲学问题。偶然可能有很多的必然因素在里面,我也非常高兴能有这样的交流。

津子围:近年来,实际上从明代开始就有一个东学西渐的过程,那么随之,也有一个西学东渐的过程,特别是晚清之后。关于东学西渐,在我的视野中,印象特别深刻的是瑞典的作家哈瑞·马丁松,他是1974年诺贝尔文学奖获得者,他的作品受到中国文化的影响特别深,比如他写的一本书叫《陀螺》,有点类似于尼采的《永远的轮回》,他实际是中国"道"的一种体现。还有美国的意象派诗人庞德,他的作品中就有中国古典诗词的影子。再比如奥地利的卡夫卡、意大利的托莱西思、美国的尤金·奥尼尔,一些西方艺术家吸取了东方的文化,创作出自己独特的表达方式,最后形成了自己的风格。我不知道,方索先生,是不是也在遵循这样一条道路,在绘画上形成自己独立的一种风格呢?

方　索:是的,你说得很对。确实有很多西方的艺术家、

DIALOGUE

作家受到了东方思想的影响。我想这个与大历史的背景是有关系的。近一两百年以来,西方整个思想进入到一个对理性主义的反思阶段,所以它确实有超越理性主义的想法。在这个力求超越的努力当中,西方思想显然是要从不同的文化中寻找资源,这个资源也是在全球化的过程中,它发现了还有其他文明的存在。在此之前,都是各自以自我为中心的。尽管这个理性主义已深深根植于我们的灵魂当中,特别是体现在我们的教育当中。比如,我们法国的孩子,从小他会玩这个积木,积木这种游戏显然是一种非常理性的游戏。但是,我们在日常生活当中也像所有的人类社会一样,有一些日常智慧。这个日常智慧使得任何一个西方、所谓理性的西方的所有任何一个普通的人,他都会在日常生活当中,绕开这些被认为是理性主义的规定,他会用常人的方式来处理一些日常问题。这样的一个日常行为,也是一个现实西方,也就是说,有一个非理性的西方,而这个非理性的西方恰恰是被忽视掉的。那么,这个真正存在的非理性的西方,恰好与其他被认为是非理性的文明的那种智慧发生碰撞了。而且这种碰撞正是在最核心、最本质的概念上、最本质的价值存在上发生碰撞。是每个文化中都有的那一部分,在这样一个历史机遇中发生了机会。

津子围: 这是一种全面的认识,就如同有人认为东方没有理性没有逻辑一样,事实并不是这样的。比如中国古代的诸子百家时期,也有一派叫"明",那是讲逻辑和辩证关系的,"白马黑马"就是一个很好的命题。有的人认为康德的理性来源于中国宋明时期的程朱理学,实际上是误读,康德也可能仅仅是引用了一个词语的概念,或者是不巧碰上了,关键是看社会主流意识。有人说西方重视的是事实,东方注重的是实用。东方哲学是建立在"用"的基础上,它的哲学指向是"用"。比如,我们说"修身养性"是为了"用",但西方哲学是建立在"事实"上。比如,哥白尼发现了"日心说"的时候,跟"用"没有关系,他追求的是真理。但东方的不论是生命哲学,还是伦理哲学,不论是人文还是政治,它都是建立在"用的基础"上。

方　索：在西方也有分支的，从胡塞尔的现象学开始，欧洲走了符号学和解释学的路径，而美国走的恰恰是实用主义——我们讨论的这个问题比较哲学化。

津子围：我的意思是，任何一项艺术活动，无论是作家、艺术家的活动，都有一个离不开的历史文化背景，而且他的这种活动是一种不自觉的行为。昨天，在画展开幕式上，于硕博士（方索夫人）说：我们存在，这个行为本身是独特的。这实际上就是一个海德格尔似的哲学问题。

方　索：是的，欧洲的社会生活里面会有哲学的一般的基本课程，这些课程使得我有一些常识性的知识，有时是无意识地存在脑海当中，有时是一些有意识的、一半意识的状态。在绘画时是不考虑哲学的，哲学可能变成了绘画背后的想法，甚至是构图、颜色和用笔的力量。刚才您谈到东方和西方文化的区别，现在，我想谈谈另一个区别，即欧洲北部和地中海（欧洲南部）的区别。欧洲北部的人，应该说是由一种新教的精神来支配的，他们非常理性化，它是体现更多的主义在里面的一种精神。欧洲南部特别是地中海地区，我觉得好像既在做欧洲人又在做非洲人。在地中海周边地区的这些人，从艺术上说，他们都是巴洛克的这种，非常的热情、激昂、愉悦、阳光，而北欧人则阴晦、沉闷、呆板，当然这是从大的方面说，主要指城市，并不是所有人都是这样。从整体上看，可以做这种分说。在思维方式上，欧洲南部的人，他们则更少于分析，更多了一些在超越理性的和理性的推理当中，去寻找它的意义，在更多的方面它寻找意义。我觉得南欧的人，则更像中国人概念当中的中国人。我有这样的认识，是因为我与西班牙一位艺术家的交往，我与他有过对话，我邀请他到巴黎来，我到他家里去。实际上，那时我就明白了，法国人跟西班牙人，在中国人眼里都是欧洲人，但是他们是那么的不一样。可以说，更有一点，巴黎人更多的是理性，但尼斯（Nice）却是另外一种文化，他们一般把法国分成两个,如更形象地比喻的话,就是法国的北部是欧洲人,而法国的南部叫做"中国人"。

津子围: 您的这个比喻很有趣,也很独特。除了地理上的划分之外,从创作本身来讲,我觉得也可以把艺术家划分为两类。一类是硬派的,另一类是软派的。或者这样划分:一类是写实的,一类是非写实的。这样划分之后,我们会发现不论历史上哪个时期,都会有这样的艺术家,不论哪个地域,也都会有这样的艺术家。方索先生您来到中国,一定属于跟中国文化有内在照应的那一类艺术家,就像我们刚开始谈到的"缘分",您来中国大概是您的一种自觉的行为吧?

方 索: 我想是这样的,我到中国来,首先因为我的绘画方式,到中国来就是来展览。我的所有作品是在欧洲创作的,在来中国之前创作的。但媒体的反应是非常强烈的,这么强烈的反响在欧洲是没有的。正如我们今天的谈话,也引起你的一些思考。在中国画展引起强烈的反响,这个反响就是:你的作品像我们中国的某些东西呀!第二点就是,我在欧洲创作的时候,你刚才也谈到了很多,各种各样的先进流派,他们之间都有一些渊源,表面是看不出来的。如此多元的思考,我最大的困难就是,我没有办法拒绝其中任何一个理论,因为任何一个理论当中都有你必须重视的内容。所以,我有困难,我就自己孤军作战,总是想把他们综合起来。但是我到了中国,恰恰是相反的,因为在欧洲,任何一个流派都不能很好相融,是相对立的,所以很困难。到了中国,遇到一些思想家、艺术家们,都有愿望把这些学说整合起来,而且有这样一个整合能力。这恰好与我的期盼是相适合的。

津子围: 在这之前,组织这次画展的友人跟我讲,您在北京举办的油画、水墨画展——内在的远方——曾引起了热议,中国美术馆馆长范迪安先生评价说:"方索就是一位从怀想中

DIALOGUE

国传统文化到在实践中结合中国传统绘画的法国画家。"我不是绘画方面的专家，但是，我从您的作品中看到，传统西方构图的透视关系并不明显，这一点，与中国的传统绘画恰恰有联系。是不是可以这样说，由于工具的不同，中国绘画用毛笔和墨水，而西方绘画用的是颜料和油画笔，所以，中国画从线条开始，而油画是从点开始，色彩的点，色彩非常重要。

方　索：这个问题可能要谈到绘画的本身。在西方，可能有经常不被重视的两种平行的思潮。用西方的艺术史来说，一个是线性的，一个是抽象的。这个线性与中国的线性是不一样的，因为它特别强调的是周围的线，这个流派的代表是拉斐尔，就是他无论如何要把周边的线条画好。还有就是，你刚才谈的色彩不是西方的传统。

津子围：是吗？这个我还真不知道。

方　索：实践当中是，但理论上完全不是。你知道，一直到拉斐尔，他们是完全否定颜色的。一直到五十年前，用颜色都不是被人们喜欢的。色彩是当你素描的能力极端恶劣的时候，拿色彩掩盖你的缺陷。安格尔曾经说过"色彩根本就是在西方绘画中令人不屑一顾的，根本就不配进入西方绘画史的一个存在"，这是他的一句原话。安格尔到现在才有二百年的历史。所以，这个线性的流派是以拉斐尔作为代表的，接下来是安格尔，其后一直到古典主义。那么第二个传统也是一直在实践中存在的，就是所谓的图像画派，图像的那一部分强调色和光，但其实在强调非线条的这一部分上。这样，西方艺术一般被混到一起去说了，其实是可以分得出来的。第二种艺术恰恰是符合中国思维方式的，它强调整合，强调的是整合的动的过程，特别是中国"万变不离其宗"的那部分。它是在动态当中，这个动态不是光在移动，是影子在移动，在移动中形成了冷和暖的一种关系。说到透视，我的作品当中的透视和距离上的透视有一个逃避到看不见的那个点，逃逸的点，视野尽头的那个点。这是一种视觉在空间上的透视。可能是在色彩的透视上，这个色彩透视，在我的作品中用得很多。像达·

让·奥古斯特·多米尼克·安格尔，法国画家。1780年8月29日生于蒙托邦，1867年1月14日卒于巴黎，系法国新古典主义的旗手。

拉斐尔（1483—1520）是意大利杰出的画家，和达·芬奇、米开朗琪罗并称文艺复兴三杰，也是三杰中最年轻的一位。拉斐尔给世人留下了300多幅珍贵的艺术作品。他的作品博采众家之长，形成了自己独特的风格，代表了当时人们最崇尚的审美趣味，成为后世古典主义者不可企及的典范。其代表作有油画《西斯廷圣母》、壁画《雅典学院》等。

芬奇是属于研究透视的最高水平的科学家之一,他觉得透视是一个寻求生动的工具。但实际上它作为一种知识,是非常有价值的,但绝不是唯一的。

津子围:在中国绘画传统中,有一种理解是,追求传神,而不一定要求像,所以在山水和人物画的比例上都不过分强调,而且它使用象征手法,比如中国画的"柳树",送人为什么要用"柳树",它使用的就是谐音"留住",具有象征意义。有一些东西赋予其人格意义,比如植物中的梅兰竹菊,被喻为"四君子"。郑板桥画的竹子就很清瘦,清瘦本身就是他的一种人格象征。

方 索:画竹子,非常好,虽然我不知道,也不会欣赏,但竹子很精神,特别好。法国人对一种新的东西很敏感。法国人非常欣赏的东西是它有一种流动性,恰恰是这种流动性常常在中国的思维中能够表现出来。欣赏也是流动性的,流动性其实在人类中是最根本的。

津子围:艺术的时间问题之外,还有空间的关系。我看到你那幅叫《召唤大脑》的作品,让我想到明代画家牧溪,上面画了六个柿子,六个中的五个在一行,使人过目不忘。那是一幅在空间和构图上关系紧张的作品,也是充满精神性的杰作。我们消灭叙述,但我们实际上还有一个情节。

方索的水墨作品之一《召唤大脑》。方索每天早晨都得做的一个"神圣仪式"是:找头。"找头"有三个内容:喝一杯咖啡,读三首诗,画三张墨画。这幅画即方索根据自己找头的感受而作。

方 索:这个实际需要一种很理性的感觉了,这正好是绘

画的一种能力。这种能力一方面给出一个形象来,无论是抽象还是具象的、可视的那一部分。第二方面,存在的不可视的东西给它彰显出来。这个可视的东西就像是芽似的,这个芽生长出很多东西来,背后是有很多东西藏着,让我们的读者去感觉。还有就是中国画的空灵,空灵反倒激活了空间的生机。第三个是,通过这样的一个空灵的、可以旋转的、可以流动的想象的可能性,然后造成人们从那种程式中走出来的可能性,走传统艺术中叙述的内容。所有这些叙述的东西都必须在这个纲列中被打破,打破之后才能回到真正的艺术神圣渐觉。回到这个叙述的问题,因为承担叙述的载体是很多的,小说、电影,尤其是现在电影技术这么发达,有了电影的叙述,难道还需要画家去叙述吗?

津子围:还有一个问题,就是形式和内容的问题。这是一个比较老的问题了。现在很多艺术家对形式是敏感的。

方　索:我觉得,形式是一个工具,是要服务于内容的。无非是内容有无数个工具,用这些工具来体现内容。所以给予同样一个内容的不同形式是可能的。无论哪一个创作,没有形式就不可能表现出来。但还是需要区分一下,绘画史上的例子很多。形式体现在文学上是文字,但是还有文风、结构,要加以区分。20世纪以来,形式变得非常多样化,多到几乎没有被看到。每一个艺术家都有一个独特的艺术形式,也必须给自己一个独特的形式。显然大家特别重视形式。但是,可能有一个误区,比如那些被认为抽象派的大师、很重视形式的大师,他们都是最有宗教性的。你看他们的作品,看着看着,就进入他们的神秘状态。那种神秘的东西才是他们独特的形式,最需要你进入的。所以,他追求的是深层的内容,就像在最抽象的"线"里面,把最神圣的、不可言知的东西表现出来。所有的形式都不可能表述那种最不可言知的、最不可视的神圣性。

津子围:非常感谢,我觉得今天的收获非常大。回到我们对话的初始点,在全球化的今天,中西方文化交流非常之必要,而您是先行者也是实践者之一,同时我觉得你也找到了非常好的绘画语言符号,那就是古坛,充满意象的古坛。但愿您的古坛能在这个日新月异的时代里散发出新的、持久的魅力!

方　索:谢谢!

油与水

与著名画家黄沧粟对话录

时间:2009 年 8 月

地点:大连

黄沧粟简介

黄沧粟,男,1961年生于中国浙江临海,1988年毕业于浙江美术学院(现为中国美术学院),1999年硕士研究生毕业。师从著名大师陆俨少、周昌谷、周沧米、吴山明、全山石等教授,现为辽宁师范大学美术学院教授,黄沧粟在近40年的艺术生涯中,在中外举办过23次个人画展和群展。其代表作有《羌民》、《母亲》、《水乡系列》、《黑白魂系列》、《零点的钟声》、《山鹰》、《雪域一家亲》、《银装黄金甲》、《黄山系列》、《雁荡山系列》、《不屈的向日葵》、《梦荷系列》、《中华奥运第一团》、《和谐大家庭》等。这些作品均在中外权威报刊中发表,2009年5月在法国巴黎举办的"黄沧粟个人画展"引起了国内外强烈反响,受到中外媒体的高度关注。

出版有《写意人物画技法》、《黄沧粟作品选集》、《黄沧粟专辑》、《21世纪黄沧粟中国画作品集》,发表国家级、省级学术论文128篇,1999年被国家列入《中国名人大典》、《中国专家大典》。

津子围:黄教授,今天是你法国画展回来后我们第一次见面。

黄沧粟:是啊,我刚一回来我们就见面了。

津子围:画展是一个标志,是个人时空的一个节点;其实没有标志性事件也是一个时空的节点。今天我们的对话就在特定的时空点上,我们现在这个点是一个十字线的交点,从纵向来说既有历史还有未来,我们身后是历史,我们身前是未来,这个是时间上的一条线。同时从横向来说既有国外的也有国内的,也就是说既有东方的也有西方的。从这个角度怎么样看待艺术和精神的关系、艺术和生活的关系、艺术和时代的关系。

黄沧粟:是的,我这次带作品去法国展览,我是寻找艺术答案的。我从四岁学画,画明暗立体,我小时候学的是西方绘画,受西方艺术影响很大,七八岁进入正规训练,以素描为主,包括画石膏像大卫。在"文革"期间我画的是鲁迅、刘胡兰、雷锋、陈永贵等石膏像,但都是西方的画法,应该说是一种西画范畴。那么我找的答案是什么？我觉得，学西画的应该去法国，美术学院从本科到研究生，然后再到中国绘画。我曾经问自己，我的艺术能不能找到答案？我对艺术追求的方向正不正确？要到艺术发达的法国来找答案。一个多月的欧洲之行，我经过了六个国家，感受、感触很多。比如环境背景、艺术氛围、老建筑保护、历史的沉淀等等都令我感叹。我这一路走来，看到所有的风景都是一幅幅油画，而所到之处也到处是油画，比如下塌的酒店的房间，都有精美的油画。法国的艺术家，他所处的环境就是这样，与几百年沉淀下来的历史有关系，也与意识有关系。法国人从小就接受艺术教育，比如去看展览，他们不像我们一个人去看，他们带着全家人，抱着孩子，有的孩子还吃奶呢，就是这样一种熏陶和氛围。这就是我看到东西方关于艺术的差别。回来以后，我觉得我追求艺术也好，包括答案也好，都要有一种超前意识。

津子围：你找到答案没有？

黄沧粟：找到答案了，我的艺术追求是对的，方法是对的，是一种针对的艺术。针对的艺术是画出来的，是靠技法，创新意识，有创造就有生命力，所以我不断创造美的东西出来。

津子围：你刚才提到，你在欧洲一路走下来，看到的都是一幅幅油画，都已经是油画了，那为什么还需要绘画呢？比如说对油画的写实，你认为它已经很完美了。

黄沧粟：法国人这样认为，他们想让自然界通过绘画艺术手段使作品更完美，更上一层楼，达到艺术境界更高升华。从绘画可以延续到风景，这些景色经过一段时间变迁会有变化的，法国人有意识保护这些风景，使得它能延续 500 年、1000年甚至更长的时间……法国的艺术保护时间非常长，它可以达到三、五千年。在这方面，我们做得还很欠缺。法国的景色那么好，那么为什么还创作呢，他们就是要通过艺术来达到更完善，超越自我，真正达到艺术本身境界，真正带给每个人民大众以美，这种氛围就是这样形成起来的。

津子围：这一段，我一直在想这样一个问题，就是物质和精神的问题。物质问题和精神问题是人类发展进程中不可回避的两个重要问题。比如说物质，似乎更好解决一些，人类对物质的需求是有限度的，人每天的营养摄取量是有限度的，一个人一天摄取多少蛋白质、碳水化合物等，这个摄取量是有限度的，营养太多了也是不行的。那么，在解决物质方面，汉代、唐代、宋代以及清代也都在解决，甚至有了很好的解决。你不能用现在的眼光去衡量，认为古代人解决得不好。可能唐代那种饮食方式和我们现在就有差别，唐代的住房、衣食住行都是和现在不一样的，他们出行坐马车，而我们现在坐汽车，不能因为坐汽车就讲比坐马车生活质量高，我觉得难分高下，不过是生活大舞台上换了场景和道具而已。从精神的层面上看，当然，我把艺术划到精神层面，唐代的绘画和现代的绘画是不同的，现在的绘画比唐代可能有更多的艺术表现手法，对艺术也有不同的认知，但是我想说的一个问题是，现在中国已经解决了温饱问题，我们面临的或者说难度更大的是精神方面的问题，精神是没有止境的，或者说人对精神的需求不固定在多少克上,是没有限度的。所以,就对哲学,对文学艺术提出一个新的要求,就是你应该达到什么样的高度,什么样的高度才算是当下的时代应该具备的高度。不是说需求的高度,需求的高度是很难界定的,或者说你很难给出一个标准的答案。因此,物质问题解决以后,精神问题就摆在了面前,不是吗?所以,我们都承载着责任(笑)。

黄沧粟: 是的。这次去法国,我问一个法国翻译,金融危机你们不怕吗,他说我们为什么怕,我们现在很充实啊,我们的钱用不尽啊,我问怎么用不尽,他说打个比方吧,我们卢浮宫的版权,值几千亿美金,文化的价值更高。

津子围: 有形资产是可以衡量的,无形资产这部分确实是无法衡量的。无形资产是软实力,有的时候,软实力来得更强大一些。

黄沧粟: 我回来以后认识到,我们国内的艺术家画得很累,我们画出来的作品不是很完善的,所以要改。

津子围: 你说的改指什么呢?

黄沧粟: 是说对艺术还没有那种超越的感觉,很多方面是不准的,法国画家认为,艺术家是不断的创作过程,要创新,要不断地追求更高境界,要完善自己。而我们只是对一幅画怎样拼凑完成,而且很累,很难完成一件独立的成功的作品。

津子围: 这是你的一种感受,我相信你这种感受是真实的。

黄沧粟: 我去法国找答案,为什么我们没有那样的艺术家,我们缺少他们的表现意识和表现技法。

津子围: 你这种感受我能理解,置身到法国绘画的环境中和通过印刷品接触法国绘画的感受肯定是不一样的。同样的,西方人来中国时他也会觉得中国画的境界很高,他们认为

DIALOGUE

东方文化是超前发育的文化,就是说其他人还没达到的时候,东方人在艺术上已经达到了,可望而不可即。比如像现代化派的标志性画家毕加索,看到齐白石画的虾,顿时把毕加索给镇住了。中国画中那种大面积的空白,那种赋予精神性写意,形散而神不散,形不似而神似的表现手法,这些,西方画家也会觉得惊异。西方人强调写实,跟那种哲学体系是一样的,他们讲究视图和色彩,中国画在视图和色彩上与西方绘画的差别很大,视图和我们认识世界的方法有关,而色彩是由于原料本身的差别很大。

黄沧粟:法国画家都是一个角度,我们中国画家可以有不同角度,在一幅画上把长江、黄河都可以画进去,因为我们的感觉是无止境的。

津子围:我也觉得是这样,我们去向西方学习什么呢?是学他们的长处,但是我觉得我们自身也有很多长处,不能丢掉,我觉得将来的艺术包括哲学观,东方文化观也可能是人们去寻找的一个选择方向、一种探索的途径、一个精神的家园。

黄沧粟:我觉得西方保留了传统三分之二的东西,好的传统的东西大都保留下来了,可惜的是,我们传统文化很多丢掉了。你比如说,中国画里也有很高的境界,很多给你想象的空间。

津子围:从美学的角度来说,作品往往是需要接受者参与的,像《红楼梦》一样,当看到影视剧以后,你会发现你想象中的美感没有了。因为《红楼梦》里的人物已经在你心里确定了,当这个人物用电视剧的方式被一个演员定型的时候,你会发现不是他。这就像一个试验,墙上有十个女士的照片,问五个男士,墙上谁最漂亮,这五个男士会选择五个不同的女人,因为在每个人心目中有不同的标准。所以当一个艺术作品,你把它一具体化、定型化的时候,就可能冒一定的风险。因为只有那个东西被赋予了想象,让每个人自己去寻找答案的时候,它的可能性也放大了。在东方传统文学艺术创作中,应该说体现了这种精神,西方当然也有,比如《蒙娜丽莎》,你可以

毕加索曾说过,"如果我在中国,我一定是个很优秀的书法家。"毕加索对中国的书画很着迷,中国的水墨画技法在展览的八大系列中均有运用,在《大自然的故事》中,毕加索首次运用"揭底染刻"工艺,他自创混合使用糖和墨水,通过毛笔和钢笔直接在铜版上作画。

《蒙娜丽莎》是一幅享有盛誉的肖像画杰作,它代表达·芬奇的最高艺术成就。

赋予它不同答案，不同理解。不过，他们的主流文化不是这样的。

黄沧粟：欧洲文艺复兴确实轰动很大，和我们唐代的鼎盛时期差不多，不同的是他们把他们最好的东西延续了，艺术理念、技法等等都延续下来了，可是我们没有，我们把自己最精华的东西丢掉了。

津子围：是的，我们曾经有辉煌的时候，西方有他们辉煌的时候，那么未来的辉煌在哪里？我觉得寻找这个答案更重要。也就是说，我们未来的绘画艺术应该是什么样的，是一个什么样的方向，既继承了我们传统中最好的东西，也吸取了世界上最好的东西，那么，下一步最好的东西应该是什么样的，你做过设想没有？

梦回拉萨

黄沧粟：有。传统的 70％，西方的 20％，比如说西方的颜色是好的，如果加上我们的表达方式，90％就足够了。

津子围：剩下的 10％呢？

黄沧粟：那 10％就是综合的修养了，包括人的修养，贵族的修养，并不是说我们中国就没有贵族，我们中国人也是有贵族的。任何艺术家都一样，都有继承、发扬、传承文化的义务。画家自己的 70％，外来的 20％，再加上 10％的综合因素，我老师陆俨少大师曾提出："人的艺术修养，十分功夫，四分读书，三分写字,三分画画",这"四三三"理论,画画只占了 30%,关键在于人的修养。只要我们努力,几代人下来,就能发展到新的高度。

津子围:你这样明确地划分很有意思,我是说你确定的几个百分数,显得自信和明确。我想这个比例完全是你个人的看法,是不是?

黄沧粟:是的。总之,中西结合是个方向。

津子围:其实,洋务运动以后提出中学为体,西学为用,后来被新文化运动给否定了,否定了什么呢?实际上过多地否定了我们的文化传统,或者说把传统的东西放到一边,或者说放到了身后。可是,当传统文化成为背景的时候,我们忽然发现,很多传统的东西恰恰是具有生命力的,在时代各种潮流当中,中华文明的力量是你没有办法把它丢掉的,它是很强大的。比如说,我们在焕发传统文化的青春,是不是又走上了中学为体、西学为用这样一条路,那么这条路是不是一条正确的路呢?日本在明治维新之后,实际上走了全盘西化的路,走完这条路以后,他们也并没有丢掉传统,我们看到,日本很多东西是传统的,包括我到日本去看到他们的艺术、建筑、饮食、生活习俗都很有传统特征。实际上当一个社会的传统都没有时,至少你这个民族就没有特色了,别人没有办法区别你了。

山鹰

黄沧粟:我和你的观点一样,就像一个人的家产,都败光了,剩下一个空架子,它真正的财富没有了。

津子围：我注意到,欧洲在传统文化保护方面给你留下了深刻的印象,保护和创造是什么样的关系呢? 保护肯定是很重要的,但是保护绝不是最终的目的,重要的是在继承基础上的创新,把一个民族的优秀文化延续下去,就需要向一个更高的高度去发展。

黄沧粟：是的,这次我带了六类作品去法国。山水、花鸟、人物、油画,包括抽象。国画山水、花鸟、人物都是传统的,而抽象的就有创新意义,就是中西结合的,油和水,就是继承基础上创新的东西。

津子围：严复讲东西方文化不是两条河流,两条河流可以融合,它是两座高山,但是两座高山并不是不能交流,两座高山可以互相守望,可以互相参照,可以互相影响。刚才你提到油和水的关系,我觉得这是个重要的问题,实际上中国画是水的关系,是水和这个世界的关系,是艺术通过水使这个世界达到和谐。西方艺术家是通过油和世界发生关系的。

黄沧粟：西方理解中国画的程度没有我们理解西方绘画的程度深,差得很远,他们理解中国画打十分,可是我们理解西方画至少打七八十分,我们画西方画的程度比西方人画中国画的程度要高很多,这是我们应该感到很骄傲的地方。

津子围：近两个世纪,西方是话语权的中心,所以,西方人对中国文化了解得不够,他们理解我们十分,我们理解他们七八十分,一方面说明我们的传统文化被重视得不够,另一方面也说明我们有差距,还没到程度,到了程度他们就来学习理解了,他们就来研究了。

黄沧粟：的确,我们中国文化推广做得不够。

津子围：但是从另外一个角度看,恰恰因为这种不够,将来我们可能走到前边,因为我们掌握西方七八十分,加上我们自己的传统,所以,我们发展的空间很大。

黄沧粟：画展时,有一个议员看我现场作画,我一个小时完成。他说东方艺术还是厉害,你们一气呵成,这点西方做不到。西方的油画今天完善、明天完善，但是没有一气呵成的，这就是东西方绘画的差别了。但是，我们的问题是，西画的好多东西也没有学到，所以我们的一些画家很累。

津子围：这些年中国艺术，我是指大范围的，包括文学、音乐、美术等等，是不是有迷失的感觉？就是说，这些艺术家们曾经有一段时间迷路，东学西学，最后走来走去，还没有走出迷宫。

黄沧粟：你说得对，我们的绘画从头到尾就是，最终都没完成，传统的没有完成，现代的也没有完成，两个结合更谈不上了。

津子围：两个结合应该是什么样的结合？刚才你说了一个重要的话题，就是油和水的关系问题，我觉得这是我们今天对话中最核心的问题。

黄沧粟：中国的传统绘画以水为主，水墨画。色彩是从西方传过来的，油画。现在我用的也是三原色，红黄蓝这么有生命力。我将近20年的创作体会是，渐渐地失去了"水"，而更接近"油"。他们说怎么这么画呢？完全像西方。

津子围：水是中国艺术家和世界的关系，油是西方艺术家和世界的关系，它们是不同的途径，刚才我们讲了两个高山，现在我们回头来讨论，油和水能不能混合到一起？

黄沧粟：从物理角度讲是不能混合的。

津子围：从绘画角度呢？

黄沧粟：从技法中可以混合，只要我们不断地创新，艺术创新就有生命力。比如说张大千，他搞的就是中西结合，他用传统的技法，加上现代的色彩，也就是西方的色彩——华丽的青色，一片绿，就很漂亮，形成了"大千画法"的泼彩风格。

津子围：那么，华丽的颜色是不是还是水？

黄沧粟：渗出来的是墨，颜色还是有油的感觉。西方定义上的油，不是真正的油，但是有的画家也用过油。国画染料和油混合以后就变了,凝固了这样的颜料中国画就会出现另外一种效果。当然,技法不动,色彩变了而已。张大千用西方颜色的概念,而不是用真正的油画颜料,用的是纯正的矿物质颜料。所以,你看上去还是有中国画的效果和表现,但是从理论上讲已经西化一半了。油与水的问题实际上是中西合璧的问题,是中国画与西洋画技法结合的问题,中西结合比较早的有一位大师——100多年前的弘一法师(李叔同),他是我们中西画的先驱者,他会西洋画又会中国画(油画、水粉、水彩、山水、花鸟、书法等),是一个全才,当时堪称一代才子,在晚清时期对文化有非常大的影响。当然,中西画结合的还有其他人,但有记载的不太多,我只举这个例子来说一说。中与西绘画技法的结合就是讲"油与水"的创造的问题。我不是最早的一个。比如说:近代还有徐悲鸿大师、刘海粟大师,曾经也提出了中西合璧的问题,但没有发展到油与水的问题。

津子围:这样说,张大千是成功的,但是,我不是讲这种嫁接式的,如果是嫁接式的也许两种文化碰撞的初期可以,也是有效的,但是未来能不能代表方向?这是我们当下关心的问题,是不是?能不能把这种技法融和,融合以后的意义是什么,并且,融合本身是为了达到一个什么样的目标?

黄沧粟:我同意你的看法,嫁接式的方法好多画家都会,张大千出现以后,我们不想走张大千的老路,需要不断去创造,艺术是在不断地否定中才能超越的。油和水结合或者说中西方结合方面,还有两个人:赵无极和朱德群,他们是我的校友,都是新中国成立前国立艺术学院(现为中国美术学院)毕业的。两个人都健在,他们也是因为走中西方结合之路才成功的,应该说是油和水很好结合的典范。其实,很多中国画家都在走中西方结合的路子,我的画也是延续了赵无极和朱德群的路子,我寻求中西方结合的目的也是为了创新,只有创新才有艺术的生命力。我觉得这个方向是对的,这次去法国展览,效果就显现出来了,很多法国朋友都喜欢看,有的看了三四遍,有的带着全家去看,他们说中国画真的不错,就是太

赵无极,华裔法国画家,生于中国北京。童年在故乡江苏南通读书。1935年入杭州艺术专科学校,师从林风眠。1948年赴法国留学,并定居法国。在绘画创作上,以西方现代绘画的形式和油画的色彩技巧参与中国传统文化艺术的意蕴,创造了色彩变幻、笔触有力、富有韵律感和光感的新的绘画空间,被称为西方现代抒情抽象派的代表。现为巴黎国立装饰艺术高等学校教授,获法国骑士勋章。

朱德群,1920年生于安徽萧县白土镇,1935年进入国立杭州艺术专科学校学习西画,1941年毕业于国立杭州艺专。1955年定居巴黎,从事绘画创作。1980年入籍法国。1997年当选法兰西学院艺术院终身院士。

深奥了。

津子围：中西方结合不仅是个理论问题也是个实践问题，第一，中西方结合多大的比例才好，是一半一半结合，还是以中国传统为主，吸收了西方的一部分。打这样一个比方，如果一个西方人和东方人结婚了，他的孩子几代以后有没有基因变异的问题？再比如从服装来说，你穿西服，这是西方的东西，现在我们穿西服和你家里可以摆油画是一样的道理。但是我穿中式服装，同样也可以，不是绝对的。但是，如果把东方和西方组合起来，上身是西装、下身是长袍，肯定是不行的，不伦不类嘛，是不是有这个问题？我们俩探讨的话题还是油和水的关系，油和水怎么结合才好呢？如果说上身穿西装，下身穿便裤，那几乎成了电视小品中穿西装的农民，那样穿西装，你会觉得很滑稽，西装就是西装。我在想一个什么问题呢，就是要融合而不是组合，融合是很难的一个问题，或者换句话讲，就是在充分理解和掌握东西方艺术精髓的基础上，从中发现美的规律和美的表现。也可以说不是简单的融合，融合比较简单，实际上我们是在创造一个新的东西，这种新的东西是建立在东西方美的理解基础上的，我们重新创造一种东西。比如说现在穿的 T 恤衫，你说是西方还是东方的？每个时代有各种各样的服饰，艺术亦应如此。

黄沧粟：你是说艺术源于款式？

津子围：我认为形式有的时候也是内容。比如说中山装，是历史的产物，现在没有几个人穿，但是西装保留下来了，留下来的是有生命力的。

黄沧粟：唐装也很受老外欢迎的。

津子围：唐装很好，它是中国古典的，西装属于纯西方的，这两种服饰都有生命力，问题是，你可能发现中间结合这部分没有生命力……当然，也许需要时间的淘洗，结合的部分也会有生命力，只是还没有证明它。

黄沧粟：我同意你的看法，嫁接的不好，不伦不类，需要的

赵无极成熟期的作品反映了由对西方抽象艺术的热衷到回归中国传统这条主线，而这种回归又不是一种简单的回归，它是有机的，是从哲学和美学的高度审视下的回归。

DIALOGUE

是融合后的创新。比如有些中国画的色彩表现,有油的特点,但是有中国画风格。油画也一样,虽然绘画方法和技法都是西方的,但是有些含义,包括内在的表现、情调都是中国化的。赵无极是很明显的东西方结合,五五开。我觉得自己保持中国的艺术传统比例多一些,我是七三开:山水、花鸟,七三开比较好一些。

津子围:那你认为还是中学为体,西学为用?

黄沧粟:是的,传统中国画颜色没有那么华丽,颜色很淡雅,构图是平的,没有那么立体。现代的国画,比如我学生的画,就已经很现代了,很洋气,创作手法、款式都很大胆。我的五个毕业生,我给他们比较肯定的评价,我说他们是最新的艺术表现,他们很高兴。科技在发展,卫星上了太空,艺术也应该发展,和时代的发展同步。同时,我们也得强调绘画基本功,总的来说,现在的学生画得少,在造型方面有很多毛病。比如画手,手最难画,画人难画手,手是人类的第二表情,应该加强基本功,加强速写、素描的训练。比如画油画,既然是画油画,就得按油画的方法画,油画是需要很多工序的,就是说不能"偷工减料",就像万丈高楼要打地基,不能在空中建楼阁,古典绘画——比如法国卢浮宫的油画,都是画到第九步的,从黑画到亮,这是种功夫,也是种传统。

津子围:西方人绘画的过程我不是很懂,他们画了九步,中国传统绘画讲究功夫在身外,功夫在诗外,功夫在剑外,功夫在画外,更加注重的是人格的修养,修养在画中体现的风格是不同的。但是西方人把很多功夫放在了绘画上,这两种方式有什么差别呢?当然你没有办法评价高下。中国传统画家修炼高的时候一出笔就不凡,神韵都在里面了,但是西方画家几个月在那里抠,我们在画画前修炼,他们在画的过程中修炼,所以两个不在一个评价系上,很难评价高下。对于您来说,觉得哪种方式更适合自己呢?

黄沧粟:都有吧。现在有些人绘画借助很多工具,我觉得这里有个误区,他们拍了照片以后,就照着照片画,完全没有生命力,已经走到了艺术创作的误区。现代的绘画工具是为了让你的画更完善,更加丰富你的艺术,如果临摹和拷贝,就失去了创作的意义。

津子围: 西方人也有这样作画的吧?

黄沧粟: 西方也有人这样画,但是大部分还是按照传统去画,他们觉得如果按照片画油画,感觉就不对了,他们是对的,过去,我们有一些误区。还有就是科技的手段,比如说电脑绘画、自动绘画等等这些问题,有些人尝试这样做。绘画如果这样,就失去它本来的意义了,那就是别的名词了。

津子围: 我也在关注这个问题。比如 80 年代后期、90 年代出生的孩子都在画漫画,那种动漫、卡通,他们对绘画的理解,对造型的理解与我们的理解是不同的。我不知道你有没有一种突然断代的感觉,就是说,我们这代人认为美术的主体是水墨画和油画,可突然之间,我们的孩子全"漫画"去了。昨天,我在网上看到:一个女孩儿把一个人民币画出来了,基本功不错,完全是现在日韩卡通那种画法,把毛泽东画像都变成卡通的了,网上很多人谴责这个孩子,但都是从道德的角度,我当时还想了另外一个问题,她为什么用那种方法去画呢?80 年代后期到 90 年代这个时期的年轻人为什么会突然"断"了,艺术出现了"变异"。从历史的角度看,这种变异会给我们未来的绘画艺术带来什么?

黄沧粟: 我的孩子也画卡通漫画,我十分担心我的艺术能不能被继承下来。就像是我们传统民族文化瑰宝,存在着断档的担忧。

津子围: 清末在北京的各种娱乐场所,各种艺术形式,比如说书的、唱词的,现在基本都没有了。剩下的京剧也靠国家行政经费支持,生存空间很小。我到一个京剧团看过两场戏。那个京剧团号称全国十大京剧团,而且是十大京剧团中的名剧团。这样一个剧团却靠政府财政支持,没有财政支持生存都困难。

DIALOGUE

黄沧粟： 粤剧都是老的人去看，年轻人没有人去看，一样的道理。

津子围： 我现在对我们的艺术形式也存在担忧，比如美术、文学，这样说完全是作为艺术家的良心，不是从社会学者的角度去看，社会学者可能有他们的答案。

黄沧粟： 卡通画可以说是一种工艺，它是工艺中的一个大支流，就像是动漫的一个支流，对艺术的冲击不大，但是现实影响很大，就像是美国唐老鸭之类的。

津子围： 你有没有想过这样一个问题，当年京剧是不是主流？现在被边缘化了。我们现在认为主流的绘画，将来会不会也被边缘化？我们不知道将来 10 年到 20 年会怎么样。

黄沧粟： 我的担心也和你一样，我儿子会不会继承我的艺术？我儿子喜欢画卡通画，不搞素描，他怎么考美院？他把素描当成任务来完成，不是心里喜欢，我很担忧。卡通画是工业画，流水线下来的，当两幅画放在一起的时候，差距就大了。卡通画很漂亮，但是没有人看，几十欧元，难登大雅之堂。还是创作的画价值连城，都是几万、几十万甚至上百万欧元，这才是真正的艺术，一比就比下来了。所以，我觉得卡通画不是真正意义上的绘画。

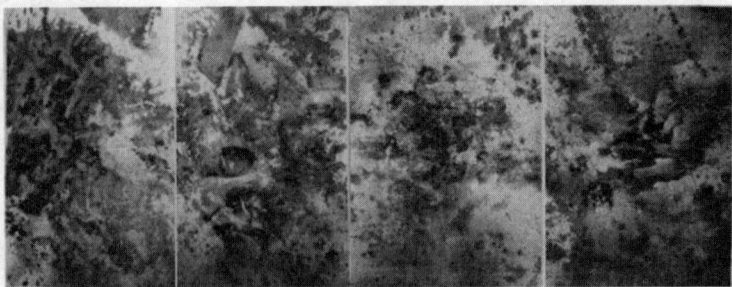

津子围： 我们今天谈得非常愉快，也非常深入。记得当年有一个关于碳与铁的讨论，就是说，碳与铁的比例标志了一个民族的发展阶段，事关走出冷兵器时代的问题，今天，我们谈到油与水的问题，试图探讨艺术发展的方向和未来。我个人觉得，这个问题是绕不过去的，尽管我们的讨论只是浅显和初步的。

黄沧粟：是的，不管东方还是西方，关键在于创新。这是我们今天讨论的认识，没有创新就没有未来。

DIALOGUE

自 在

与满一上师对话录

时间:2009 年 11 月 29 日

地点:大连

满一上师简介

陈泉州,法号满一,现任石家庄市佛教协会常务副会长,河北省佛教协会副秘书长,《菩提心》杂志创刊人、主编,政协河北省、石家庄市委员会委员、常委。

满一上师早年依止十世班禅大师,后依止四川白玉县亚青寺阿秋喇嘛修学大圆满法。数十年来一直致力于佛法尤其是密乘大圆满的研究、实证与弘传,在国内外进行过数百场公开佛学演讲。2005 年被印证为大圆满成就者,并被授予大圆满传法资格。

津子围:在我的理解中,佛教之中有个佛学,就是从文化的角度去研究佛教。在中国现代化进程中,适逢全球经济一体化,文化的交流就更为活跃,其交流本身也是对各种文化重新理解、发掘、交流的过程。这样的研究与交流就具有了新的意义。

满一上师:是呀,我觉得一个民族,重要的是文化。我记得,文艺复兴时一个欧洲诗人讲过一句话,他说,民族不怕没有国家,也不怕失去国家,就怕没有自己的文化。他这个观点,历史证明是正确的。我比较崇敬一是中华文化,再是犹太文化。从国际上来说,犹太文化延续传承是比较早的,它作为一个民族,曾被赶到世界各个地方,但是,一旦有机会,它就繁荣起来,建成了世界强国,看起来是先进科学的因素,实际上是犹太民族文化的作用。总结它的特点,就是它传承了它的文化,国被打散了,但文化没散,一个特点是建教堂,它的信仰理念,再一个是办学校,利于文化传承。所以后来,犹太文化始终比较完整,而且还在发展。

中国文化的特点是包容性、多元性和传承性。中华民族的文化不仅是汉族文化,它是多民族、多宗教、多体系的一种文化。中国传统文化的三皇五帝,开始是原始社会、奴隶社会、再到春秋战国时期的百家争鸣,后来形成了儒教文化、道教文化、佛教文化,这是从多元性上说的。从多民族上说,从汉朝、唐朝等朝代开始,北方五胡闹中原,五个少数民族特别强大,一直进犯到长江以南,而且整个占领了河北、河南。当时的花木兰就是鲜卑族的。所以说文化的融合都是多民族融合在一起，它是多民族的一种文化，是多元性多方位的一种文化，它包容性特别强。它的包容性和涵盖性基本上是世界最强的，这是我们应该强调的。比如说，再强大的民族的文化、再强大的国家的文化，进入中华文化圈之后，都被中华传统文化容纳了、包涵了、同化了。

津子围：这两年，传统文化被更多的人所关注，比如新儒学的兴起，海外孔子学院纷纷建立，教育手段以及传媒的推动，国学又有热的趋势。

满一上师：单纯地讲传统文化是不对的。一方面传统文化不是一种文化，应该是多元的融合的精华，另一方面，这个精华里面也有糟粕，毕竟我们经历了封建时代、半殖民地半封建时代，必定受其他的因素影响。现代社会要求与时俱进，必须有选择的来继承我们的传统文化，摒弃糟粕，去伪存真。

津子围：是啊，儒学中的仁义礼智信，三纲五常，就需要辨析，有的值得倡导，有的与时代就不适应了。

满一上师：孔子的时代，春秋战国，诸侯争霸，民不聊生，他认为主要问题就是君不是君、臣不是臣、民不是民。他认为必须克己，做自己该做的事，你是君，就要做君的事，不能做民和臣的事，做民，就是老老实实服从，不能反抗。大臣，就要忠于国家，选贤任能。克服自己，做君、臣、民的事情，叫克己。复礼，就是恢复周朝的礼制。所以三纲五常最重要的就是克己复礼，要配合封建时代的等级观念。在这种架构下，儒家文化开始推行。所以在汉、隋、唐它是起作用的。而到宋朝时候，宋明理学出现很多新东西。这个文化已经把儒、佛、道全部包容了。清朝时有学者很片面地认为只有炮舰才能兴国，黄金白银买炮舰，组建亚洲第一的北洋水师，结果梦想破灭了。然后搞洋务运动，洋务运动就是中外合作，但是也没有搞成。这时候发现是文化不行，认为儒家文化必须砸烂重来。当时学术界基本是这种思想。但是后来呢，砸没有砸烂，立没有立起，就乱了套了。有人说完全用西方的，有人说用佛教，有的说用道教，争论不休没有结论的情况下，中国开始内乱了。军阀混战,抗战,解放。中华文化传统是什么? 现在应该恢复什么? 这是我们现在要研究的中心,我们要为此建立一个体系。但是,这个体系不是哪一个研究所,哪一个学者能完成的。我们的传统文化究竟要加进什么? 我觉得,不能少了共产党和社会主义的价值观。只有社会主义才能救中国,只有共产党才能救中国,必须把这个理念融进去才符合与时俱进的要求。中国的发展模式是中华传统文化的一部分,因此把今天的现实融进传统文化才是全面的中华文化。

津子围:随着中国的强盛,我们需要把文化上的以西方为中心的格局打破,由文化的单中心到多元的中心,因此,向世界宣传、推介中国传统文化是"需要"与"可能"的了。

满一上师:是的。我们对西方的文化研究得不够深入,那些精华我们拿过来,那些糟粕我们就得批判。当然,西方对我们了解得更不够,中国从来都是以含蓄、以仁爱为原则的,不会随便去侵略别人。深入理解了中国的传统,就不会有威胁论了。所以还是话语权的问题,对外宣传不够,因为以前中国的确实力较弱,对外宣传的机构、文化出版物的水平不够。现在需要把中国文化中优秀的,西方人能听进去的内容通过各种渠道宣传出去。所以现在要整理中国传统文化,要把其中优秀的部分介绍出去,让西方能够了解我们,理解我们。起码知道中国人是善良的,不是欺负人的,也没有要称霸的想法。我们的传统文化里就有这样的内容了。但是还要让他们知道中国人最重视什么,祖国统一是每个中国人都期盼的,这个民族的传统是不会变的。

津子围:您讲的很好,关于文化的包容性我也十分同意,其实,中国传统文化的包容性跟佛教在中国的发展是有直接的联系的,我有同事到印度工作,回来时他讲,作为佛教的发源地印度,那里的宗教并不是我们想象的样子,与中国佛教已经区别很大了。中国佛教可能完全本土化了,与儒教、道教甚至民间信仰融合了。

满一上师:这是两个方面,佛教融于中华传统文化是事实。佛教融于中华传统文化在 2000 多年前就已经开始了,如果把佛教文化抽取出来,中国人可能连说话都不通了,中国现代汉语有 2000 多个词句是从佛教来的,这就足以说明佛教文化对于中华传统文化形成现在这种状态是有深刻影响。另一方面,佛教要想在中国扎根,它要不与中华文化相适应也是不可能存在的,这是双方的共同需求。

在民国时期,曾有一批学者把大乘佛教的经典说成是伪经。其中最出名的一个法师就说大乘佛教经典不是佛说的,是后人根据佛的意思编写的,中国佛教不是印度佛教,已经完全变化了。当时许多僧人听了他这个观点浑身冒汗,几千年来传下来的东西居然是假的? 但是大乘佛教主要是向世人提供了一种佛教参与社会的机会。宗教分三个层面,一个是政治层面,一个是教化层面,一个是信仰层面,在政治层面,你的行为、你的举措,对国家发展有益,对和谐有益,对团结有益,那么一定是在国家政策范围内进行的。而在教化层面,佛教徒对国家的态度,对社会的态度,对人的态度必须符合当地群众的需要,或有利于家庭团结和人际关系的团结,只有家庭好了,社会好了,才会拥护你这个宗教,后边才有后续的信众。你的教义在不违背原来根本的情况下,必须进行多次新的阐释。在信仰层面,就是你必须真信,佛是一个实实在在的人,说的事是真事,讲的理是真理,只有真信才能起教化作用。真信、真悟才能真正取得收获,这才是宗教的核心,没有这个,只有政治层面和教化层面,那就仅仅是一种文化的存在了。所以一个宗教的存在就必须同时兼备这三个层面。佛教在这方面做得比较好,一个是在政治上以国家为重,教育百姓爱国、和谐,有许多教徒以苦修去参透真理而影响身边的人,所以佛教在中国就发展的比较好。

今天看来,我们党的宗教理论也是不断完善的,特别是十三届三中全会之后,现在讲,要依靠和发挥宗教界人士和信教群众在建设经济社会中的作用,写进了政府工作报告。

津子围:谈到这里,我觉得佛教也应该有一个"现代化"的问题,我知道在很多偏远的农村,基督教发展的特别快,除了他们特别的传教方式之外，当然也跟简便的信仰方式有关。简单举个例子，基督教的发展很时代化，就像有些美国电影，一些传教士居然用说唱的方式来传教。也就是说，他以一种当前人们最容易接受的方式来进行教义传播，实际上伊斯兰教也有这个问题，它也是一代一代的优秀知识分子在不断的阐释、注释古兰经。优秀的人才都聚集到这里来，对经卷不停的解释，每一次解释就会注入新的时代元素和智慧。而佛教很深奥，很多文字都是注音的，所以一些佛教典籍读起来很困难，一些受过高级教育的人读起来都有困难，那么普遍读者读起来就更困难了。它并不是古文和白话文的区别，其实古文现在很多受过教育的人也不一定读懂，有许多语言所阐释的意境一般读者无法体会。

满一上师： 佛理里面包括释迦牟尼佛对当时的人、当时的社会所说的话，那个时候的理论和现在肯定是不同的，有些不是与时俱进的，但是佛法的基本意义是不变的，谁解释经文如果不遵循佛的根本原则那就不是佛法了。讲法在不违背原则的情况下，可以灵活解释，比如过去点油灯，我们现在用灯泡，一切都是变的。现在很重要的一点是文化高于信仰，外在的多于内在的，这就很危险。比如说现在许多僧人一做了住持，经常要去开会，没时间修行，他自己都参不透许多道理，自己都不明白，又怎么去渡人呢？佛教有两法，两法就是教法和证法。教法是理论，证法是苦修。释迦牟尼佛很伟大，他的第一个成就叫宿命通，什么叫宿命通？就是我们只知道母亲生我们之后的情况，但是我们不知道母亲生我们之前我们在哪里，有的说没有，有的说有，但是释迦牟尼就通过一种特殊的禅定的方法，不仅看到我们生前在什么地方，他还看到上一世是干什么的，再上一世是干什么的，通过种种归结，他得出一种结论，人的生命是相续的，而不是断灭的。他通过一万世的转世，发现这一万世推断，无非是六种状况，就是六道，人离不开这六道。不在六道生，就可以不去六道，就可以解脱了，就可以与时间同在了。所以佛教修的是不生，道教修的是不死。

津子围： 我请教一个比较敏感的问题，就是佛教的功利化问题。

满一上师： 这个正常，佛教僧团当中确实有一些坏分子，但没有必要为一些坏分子而动摇信仰。要想想，什么宗教，什么团体，什么派别，什么民族都会有一些这样的人，所以不能因为个别这样的人就认为整个宗教都有问题。宗教必须有刚才我们说的三方面才能发展，一个政治，一个教化，一个信仰，没有这三点宗教是不能存在的。所以今天我们构建和谐社会，那是国家的需要，同时也是宗教的需要。佛教讲报四重恩，第一就是国家父母，佛教所讲的报恩含义更广。佛教讲一颗小草的生长绝不是简单的一个园丁的成就，它需要水、阳光、雨露和土壤，小草的成就是整个宇宙的成就，所以报恩不仅是报园丁之恩。当一个人有成就，不要以为单单是某个人或某个团体的作用，而是整个宇宙给你的力量，才会有你的成就，所以随时都要有感恩的思想，只有这样才真正理解这个世界。比如我们吃的喝的，都是别人生产的，别人在成就了自己的同时，也成就了我们。这个社会也就是这样，如果报恩不报众生，那么肯定就是片面的，只看到自己的人是不全面的人，也是没智慧的人，真正谦恭的人他看到的是整个宇宙苍生之恩。佛教文化里头，首先就讲认知，是佛教理论的认知，佛教讲包容，这个概念又不同于我们日常所理解的包容。这个包容心就是所有的东西都要包容，不见世间过，不见他人过。

津子围：这种宽容本身包含了悲悯的意味。我的小说一般都比较温和，有的评论家评论时还特别从"淡"的角度加以论述。有人问，你的作品为什么这么淡呢，淡就是没有激烈的冲突。小说中的人物都相对复杂一些，即使这个人不好，他也有好的一面。这个可能就是刚才您说的不见他人过，有一种天然的佛理在里面，这种佛理不是刻意的，可能是中国传统文化潜移默化的影响。我觉得这个启发特别大，就在于与国外相比，我们这种包容的文化是独到的。从去年开始，阿富汗的作品、伊朗的作品在世界文坛引起极大的关注，原先都是欧美文学占据突出地位，现在中东的作品突然兴起了，我觉得这个可能是他们文化的一种反映，宗教的内在功力也发挥了重要的作用。中国文学走向世界，我觉得恐怕离不开佛、儒、道，当然，正如您说的，有个梳理和继承的问题，去其糟粕，与时俱进。比如儒学的仁义理智信，其体系内也有很大的差别的，孔子讲仁，孟子讲义，荀子讲法。比如礼，就是讲等级，现在社会已经不讲等级了，随着全球一体化，等级的观念越来越淡化，我举个例子，比如孝，我认为孝应该是生前孝，而不是身后孝，死后你去守节，古代官员三年不干工作，这不行，而且孔子还规定了坟墓的大小，多大官衔有多大的墓制，如果按照那样执行，中国哪还有可耕之地？所以对待中国传统文化，我们不讲批判，我们就讲选择，选择性地继承，批判的讲法有些过了。当然，这种思想的产生与时代有相当大的联系，如果我们当时生活在孔子的时代，我们能有如此深刻的思想，那是不得了的，尽管他有些思想不符合现在的形势，但确实符合当时的社会背景的。

这个话题说回来，就像您刚才讲的包容性，对我很有启发。以前我接触过一个大德，他讲最大的积德就是救命放生，但是刊刻所积的德比放生还要大，所以，以真诚的心写出真实的好文章，尽管写的不是佛讲的话，是不是也是积德呢？

满一上师：在佛家中，给多少钱这叫财布施；另外一种叫法布施。这次我在北京讲座，一个领导问我，现在佛教那么多的流派，你能不能用最简单的方式阐述一下。我说，所有不同的修行标准、修行方法、修行状况，就两个字，叫"自在"。自己要在自己身上，要在自己心上，这是佛最高的境界。正常人的心几乎都不在自己身上，在哪呢？在过去，在未来，在外边。在过去，比如三年前发生了一件让你后悔的事情，今天还时时想起，或许成为你一辈子的记忆；未来就是期盼，等待，上学的时候告诉自己考了博士就好了，毕了业就好了，娶了媳妇就好了，成了家就好了。又怕考不上，又怕家成的不好，又怕生意做的不成，这就是一种不自在。心在外边，天天琢磨，这个事该怎么办，那个事该怎么办，在外担忧，害怕，所以心只要在外边就是烦恼，就是担忧，就是痛苦。心不能在自己身上。回到过去干什么，是找麻烦，未来还没有来，来了你也做不了主，一个事成败的因素很多很多，既然还是个未知数，为什么要为此担忧呢？解脱是最高标准，如果一天心能在自己身上，那么我们抬头看天，天就是涵养万物的天，给你一种升华，大地是抚育万物的大地，它给你一种力量。天地人都给你帮助，这就是你的修行。我带着天、地、日、月、万物的力量来工作，就会有非常强大的动力，扫除一切危难就能成功。把自己的心放在自己的身上，说是容易，其实并不容易。比如你现在坐在这里，你能把自己的心放到自己的身上十分钟，肯定我的话音刚落，你的心里又想起了别的事情，心在自己身上，就是自在，没有过去的烦恼，没有未来的烦恼，没有外边的烦恼。如果你这么快乐，那就超越了烦恼，超越了生死，超越了人生。修行的目的就是自在，标准就是自在。

津子围：我记得佛经中有四个字，叫明心见性。大概就是您说的"自在"吧。

满一上师：自在就是明心见性，明心见性就是没有污染，没有杂念，这种清澈的状态保持下来，就是明心见性。一是空无边，没有边际；二是识无边，意识没有边际；第三是什么都没有了,第四就是最高境界,似无似有,似想非想,这是最高的定,这种定有非想,有非非想,是潜意识中的定,而这种最高境界的定还需要把所有的生死、杂念全部灭掉,就叫做灭尽定,人间的概念、理念、框框全部灭掉,再升华起来的心,这叫做佛心,佛法讲的见性,就是见这个性。把人间所有的理念,所有的框框全部去除,佛是超越。从逻辑学上讲就是超逻辑的。小孩没有逻辑,楼他敢跳,海他敢跳,他没有逻辑;大人知道海不能跳,楼不能跳,这是一种逻辑思维;但逻辑思维是人间的事,这些永远不能解决所有的疑惑。超逻辑思维就是开悟,开悟就是把人意识中所有的教条和框架全部去除,这叫灭尽定,灭尽定之后才是性,性是人原本就有的东西,这才是真性,佛和人都有这样的性,这才是见性。

津子围:这种境界很难做到。我是门外汉,不懂这种修定,但我也曾做过这样一种尝试,就是静下心来,我发现静心就容易走火入魔,但这种静的状态不敢再往前深入太多,怕一旦着魔被送进精神病院了。

满一上师:不会,要训练心的活动,密法和禅宗专门是训练心的。他们有一套方案,哪是正,哪是邪,要掌握住它。

津子围:我们如果修定太深,怕就会胡思乱想,这种胡思乱想就是一种非逻辑,不是我们生活当中的逻辑,就会出现各种原来我们生活中接触不到的东西了,所以就可能走火入魔。

满一上师:那是你没受过训练,受过训练就有办法处理这种情况。佛的修行和道的修行都有严格的要求和规律,而佛法是一种实在的,非虚的东西。我来修行,名也不要,钱也不要,什么都不要,我是为什么,无欲则刚,无欲无求。

津子围:很多人认为,信佛修佛是与世无争,是消极的,您怎么看?

满一上师:这种看法很片面。依我看,他们说信佛消极一般有如下几层意思:首先是我们慈悲,比方说仇人、坏人找我们麻烦或是欺负我们,我们把对方看作是上世父母,所以我们不跟他计较,也就是不能以牙还牙、以眼还眼,仍然以慈悲的心态对待他。其次呢,一般来说我们做任何事情只讲过程,不强求结果。因为这一世的福报也好、罪过也好、麻烦也好、灾难也好,都是往世,无始劫以来积累的结果,是应该受到的报偿,福是这样,祸也是这样。那么我们做事就是在还账,结果都是因果律决定了的。

佛教到底是不是消极?释迦牟尼已经证悟了,但他逍遥自在而去,又在人间示现四十九年渡人,这是消极还是积极?地藏王菩萨"我不入地狱谁入地狱","地狱不空,誓不成佛",观音菩萨"千处祈求千处应,苦海常作渡人舟",这种大慈大悲救苦救难的积极入世精神能说是消极吗?

当今时代,有一种人生观叫成功,叫实现自我,认为一个人凭着不懈的努力去达到目标,这样就体现了自身的人生价值。或者在财富上取得极大的成功,或者在事业上有重大的发明、突破,再或者是在政界取得较高的地位。成功即意味着在名声、地位、财富方面取得令人瞩目的成绩,人们认为这样就不枉来人世一遭,这才是有意义的人生。所谓个性的张扬、个人的自由,看似是一种社会文明的进步,而实际上它也强烈地体现了"我执"。"我要赚钱"、"我要事业有成"、"我要营造一个幸福的家庭"、"我要尽情享受人生"、"你如何如何侵犯了我的利益"等等,处处都以"我"为中心。但是世间的名利有限,而人们的欲望是无限的,人的欲望日益膨胀,谁也不肯让谁一步。这样的人生奋斗就像一个角斗场上的生死搏击,每个人都用尽力向着既定的目标冲刺,在遇有同路人障碍的时候,就将其踩在脚下,有时甚至为了自己的利益与亲友反目成仇。这是什么样的胸襟和抱负?这又是一种什么样的事业?世间几十亿人,绝大多数终日都只关注着"我"和一些属于"我"的东西,要是让谁把自己的利益让出去,那真是比割肉还疼,以这样利己狭小的力量,很难有什么大作为;佛弟子不为世俗利益而争,把诸多方便利益让给别人,先利人后利己,这是何其洒脱高洁的品格;修菩萨道的佛弟子,心系全世界、全人类,并且将之扩展到所有的众生,这种精神怎么能说是消极的呢？它的积极体现在对所有众生的关爱负责上。

我们行菩萨道不仅为自己努力积极工作，而且还要为众生去努力工作，这是积极的，是伟大的思想和行为。此外，佛教深信因果，那么每一个人都应当为自己的行为负责，每个人都是自己命运的创造者和主宰者，所以讲道德、守法律、做好事不仅是社会对个体的外在要求，同时也是个体自己求自由幸福的内在需要和条件，是自觉自愿而非受人强制的，这种思想有助于增强人们的自我约束力，可以平衡冲淡自由主义、极端个人主义的消极影响，所以深信因果思想对培养公众的责任意识和道德自觉是非常有利的。

当我们把众生都当作父母看，我们用慈悲心去对待所有的众生，如果世人都有这种思想，世界还有战争吗？还会存在不平等吗？佛教大慈大悲的思想是代表人类广大利益的思想，是真正求世界大同的一种积极、究竟的思想，所以我说佛教是假消极真进取。

津子围：佛教中两个重要的概念，一个是慈悲，一个是智慧，其实，很多佛门弟子终其一生也没搞清这两个概念的关系。

满一上师：其实慈悲和智慧在根本上是一回事，它是一个问题的两个方面。智慧是开悟了——对世界的真谛有了正确的认识;慈悲呢,有了智慧才有慈悲,反过来生起慈悲心,助于得智慧,所以说它们是相辅相成,是一个问题的两个方面。

津子围:谢谢,今天与您的谈话收获很大,特别是您对"自在"的阐释,让我觉得,用精辟来形容都显得远远不够分量!

复活的古老乐器"尺八"

与日本尺八演奏大师神崎宪先生及其学生易佳林对话录

时间：2010 年秋

地点：大连

神崎宪先生简介

1973年大阪外国语大学中文系毕业。在大学期间师从都山流尺八大师宫田耕八郎先生学习都山流尺八。1996年师从琴古流尺八大师三桥贵风先生学习尺八古典名曲，并成为尺八贵风会"师范"。2000年开始在中国杭州、上海、苏州、重庆、成都、大连等地教授尺八。

易佳林先生简介

1980年生于重庆市。1991年开始学习洞箫演奏。2005年因机缘巧合开始自学尺八演奏与制作。2007年开设"尺八缘"网站向全国推广尺八。2008年师从日本尺八大师神崎宪先生学习尺八技艺。至今已在重庆、成都、西安、北京、深圳、大连等地教授尺八。

津子围：在我们对话之前，我对尺八做了些了解。坦率地说，在这之前，我对尺八的了解还很不够，在记忆里，我只知道它是一件古老的中国乐器，而且名字很有意思，因为乐器的管长为一尺八寸，所以叫"尺八"，这种命名方式本身就有了人类早期的文化色彩。

DIALOGUE

易佳林：是的，有关资料表明，河南舞阳贾湖遗址出土的骨笛，距今已有八千多年的历史，那些竖吹的管乐是骨头做的，鸟的骨头、大的飞禽的骨头。到了黄帝时代，出现了竹制的管乐器，古书上就有黄帝令伶伦伐昆仑之竹作笛的说法。就这样，笛从此与竹子结下了数千年的不解之缘，骨笛被竹笛取而代之。在汉代，古书上又有汉武帝时"丘仲作笛"的记载。东汉时蔡邕运用音律原理制作了律笛。尺八应该在唐代比较繁荣，唐太宗时，为统一律制，命乐官吕才重定乐律，吕才根据律笛中黄钟笛的一尺八寸为标准，统将笛称为"尺八"。盛唐时期，尺八随着文化的交流而传入日本但为时不长。据日本的史料记录，尺八是在日本奈良时代，即中国的唐代，随日本政府派到中国学习和交流的"遣唐使"带回日本的。也有记载说，它是由唐王朝政府派出的文化使者传到日本的。

《新唐书·吕才传》："贞观（627—649）时，祖孝孙增损乐律，与音家王长通、白明达更质难，不能决。太宗诏侍臣举善音者……侍中王珪、魏微盛称才制尺八，凡十二枚，长短不同，与律谐契"。

津子围：是的，我看过的东汉陶俑和唐代陶俑，乐者吹的就是尺八，特别是唐三彩骆驼载乐俑，里面的第一乐者所吹即是尺八。关于向国外传播方面,我还听到一种说法,传播时间好像集中在南北朝末年至唐初这个阶段,从隋高祖开皇二十年(公元 600 年)起,日本圣德太子之时,日本曾屡派"遣隋使"和"遣唐使"前往中国,尺八作为演奏雅乐的乐器而东传日本,故也叫"雅乐尺八"。据说,日本圣德太子特别喜爱尺八,他当时所用的中国尺八,如今还珍藏在奈良的法隆寺中。

易佳林:直到今天,专门收藏古代重要文物的日本奈良东大寺正仓院,还完好地珍藏着 8 支唐代制的尺八,其中有竹尺八、玉尺八、桦缠尺八、雕石尺八、牙尺八、雕刻尺八多种。这在日本称为"唐尺八"、"古尺八"。它们都被雕刻或漆以精美的花纹,这些尺八被视为日本的国宝。

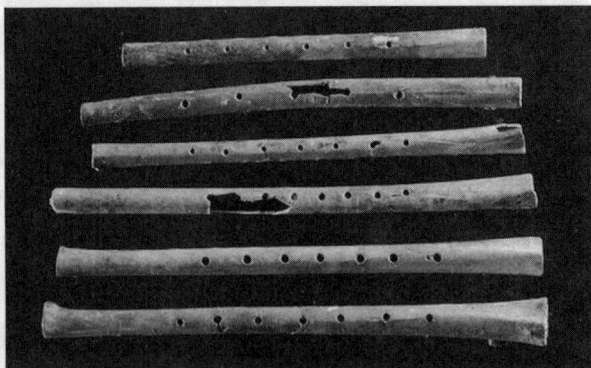

出土于河南舞阳贾湖遗址的骨笛,距今约 9000 年,是我国现存最早的竖吹管乐器

(津子围看神崎宪先生吹奏的尺八,神崎宪先生递给津子围)。

易佳林:老师这个尺八很贵的。

津子围:是吗?

易佳林:人民币 20 多万吧。

津子围:有这么贵啊。

易佳林:(笑)老师说他的尺八是……老婆。

津子围:这个尺八是唐尺八吗?

神崎宪：不是。尺八主要分为唐尺八、古尺八和现代尺八。唐尺八是外切式吹口，音孔一般为六孔与八孔，常用的唐尺八有 G 调、F 调、E 调。古尺八也叫普化宗尺八或者叫地无尺八，音孔为五孔，前四后一。古管一般用于古典本曲独奏。现代尺八是从普化宗尺八发展而来的，也叫调律管，是在古管尺八的基础上发展而来的，要求音准，A＝440 或 A＝442。

津子围：我知道普化宗，就是以中国唐代普化禅师为鼻祖发展的日本临济宗一派。日本镰仓时代，日本普化宗的禅宗和尚觉心到杭州护国仁王禅寺学禅期间，向同门居士张参学习吹奏尺八，回国带回尺八。后来，觉心创立普化宗，传授尺八技艺，将尺八吹奏融入修禅，称为吹禅。所谓"明暗双打，虚无吹箫"。

神崎宪：是的，现代尺八就是在普化宗尺八的基础上发展起来的。

津子围：我刚才听了一下，觉得尺八的声音很神奇，怎么说呢，音色纯净、古朴，有原生态的感觉。

易佳林：尺八的音色苍凉辽阔，又能表现空灵、恬静的意境。

DIALOGUE

苏曼殊（1884—1918），近代作家、诗人、翻译家，广东香山（今广东中山）人。原名戬，字子谷，学名元瑛（亦作玄瑛），法名博经，法号曼殊，笔名印禅、苏湜。1918 年 5 月 2 日，苏曼殊在上海病逝，年仅 34 岁。

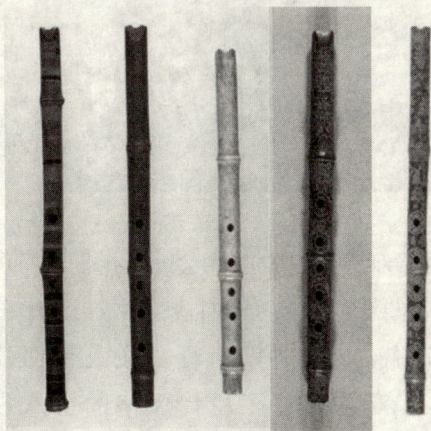

正仓院所存之唐代尺八

津子围：说到这儿，我想起苏曼殊，张鸣有篇文章，题目是

《革命、诗、酒、佛、女人》，里面提到两人，一个是苏曼殊，一个是李叔同，俩人一个是先做和尚后革命，一个是先革命后出家，两人都是十分有才华的，苏曼殊写的《本事诗》就是关于尺八的：春雨楼头尺八箫，何时归看浙江潮，芒鞋破钵无人识，踏过樱花第几桥。

易佳林：还有大诗人卞之琳，他写的一首诗题目就叫《尺八》……夜半听楼下醉汉的尺八，想一个孤馆寄居的番客，听了雁声，动了乡愁，得了慰藉于邻家的尺八……

津子围：见面之前，我听人民文化俱乐部的总经理张荣荣说，神崎宪先生您将和您的学生易佳林先生在文化俱乐部音乐厅举办"神崎宪、易佳林师生尺八大连演奏会"，并且，我拿到今天演出的节目单。能介绍一下，尺八的主要曲目吗？

神崎宪：在今天晚上的演奏会上，我们共演奏7首乐曲：第一首是古典本曲《虚铃》。佳林来演奏，这首古典本曲传自1100多年前的唐代，南宋时期由日本僧人带回日本并流传至今，被认为是唯一一首保留了唐代风格的尺八古曲。第二首是古典本曲《鹿之远音》。我来演奏。《鹿之远音》表现了"呦呦鹿鸣，食野之苹；我有嘉宾，鼓瑟吹笙"的美妙意境。第三首是现代乐曲《秋景》。再现了"落霞与孤鹜齐飞，秋水共长天一

《尺八》一诗作于1935年，曾被人誉为卞之琳成熟期的最佳作。1935年春，正当日本帝国主义加紧对中国军事入侵之际，客居日本的卞之琳，在五月的一个夜里，听到日本人吹奏犹有唐音遗韵的尺八，顿生思乡和忧思之情。

像候鸟衔来了异方的种子，
三桅船载来了一支尺八。
从夕阳里，
从海西头，
长安丸载来的海西客。
夜半听楼下醉汉的尺八，
想一个孤馆寄居的番客，
听了雁声，
动了乡愁，
得了慰藉于邻家的尺八。

日本普化宗的禅宗和尚觉心回国带回尺八及《虚铃》和《虚空》等尺八曲。

色"的超然境界。第四首，现代乐曲《春之海》。展现出百花争妍，绿柳吐翠，春意萌动的美好时光。第五首是现代乐曲《苍穹》。让人们感受着辽阔的苍穹，引起你无边的遐想。第六首是古典本曲《鹤之巢笼》。描绘出夕阳西下，仙鹤归巢的生动景象。第七首是现代乐曲《海神》。展示了一副潮起潮落，人与自然和谐共生的海之神曲。

津子围： 听到这些，我非常想听演奏会了。我注意到，《虚铃》、《鹿之远音》、《鹤之巢笼》等古典，都叫古典本曲，什么是本曲呢？

易佳林： 这个与尺八的流派有关。日本尺八流派的源头是"普化宗尺八"。逐渐出现"明暗流"这样的大分支。江户时期，随着普化宗，虚无僧的废除，尺八逐渐走向老百姓。不是僧人也可以学习尺八了。于是，在贵族中逐渐形成了以黑泽琴古为代表的"琴古流"。"琴古流"是古典尺八与宫廷音乐的结合产物，华丽，工整，有点类似中国传统的工笔画。后来，特别是近代，随着西方音乐的流入，产生了以中尾都山为代表的"都山流"，"都山流"吸纳了西方乐器科学的演奏方法，保留了古典尺八的特色，多为演奏民谣和现代音乐。随着尺八曲目的不断增多，不同流派也会选用自己的曲目作为"本曲"，不同流派不可学习其他流派的曲目,当然,现在这样的门派界限已经淡薄了。……除了我们今天演出的曲目,还有一些典型的尺八演奏曲目,如日本尺八最根本的三首曲目:《虚铃》,《虚空》,《雾海簿》。古典本曲:《鹿之远音》,《一二三钵返》,《鹤之巢笼》,《铃慕》等。琴古流共 38 首本曲,代表曲目为《鹿之远音》,《巢鹤铃慕》,《六段》等。都山流大多为民谣,如《鹤之巢笼》,《岩清水》,《残月》等。

津子围:很难得能听到来自远古的旋律了。遗憾的是,到了宋元间,伴随着战乱和朝代更替,尺八在中国逐渐失传了。

易佳林:是啊,我也是很晚才接触尺八的,小的时候我就喜欢笛箫,11 岁开始学习洞箫,应该说,尺八与笛箫是同类乐器,而且很有可能洞箫是尺八的一种延伸。这个乐器的演变,有地理的迁移,文化的演进,材料的变革,工艺的演变等等。这很复杂。直到 2005 年夏,那时我在重庆职工大学当计算机教师,非常偶然的,我从网上听到一支名为《宙》的曲子,曲调深远悠长,非常震撼。一开始,我还以为是箫声,但仔细听听,声音比箫更饱满圆润、富有感情。从那时候起,我就迷上了尺八。刚开始学习尺八,由于找不到乐器、找不到老师,就自己试着做尺八,自己探索,很费力,也走了不少弯路。

津子围:20 世纪以后,尺八通过日本传播到世界其他国家和地区,而它的故乡中国几乎被遗忘了,国际研究领域也习惯性的把尺八称为"jyakuhachi"(日语"尺八"音译),把"尺八"归为日本的民族乐器。神崎宪先生您怎么想把它带回中国?

神崎宪:我是带着"寻根"的想法的。我本来是学中文的,在大阪的外国语学院学的中文,90 年代曾在大连开发区的一家中日合资公司工作过,我对中国很有感情。2000 年我到中国杭州,第一次做一个尺八的讲座,在日本有三万人演奏"尺八",而尺八的故乡中国却很少有人会演奏尺八,这样,我就想做些工作。2000 年至今,10 年了,特别是佳林他很认真地学习,并学会了日本的尺八,他还在重庆、成都、大连等几个城市有学生。我也是尽量地帮忙,帮他教学生学习尺八。

易佳林：老师每一年两三次来中国，帮助我们教学。……为了研究尺八，2005年我辞职了，沉下心来学习尺八，在遇到老师之前，我是自学的，自学了三年。2008年，我才开始向老师学习的。

津子围：据我了解，2008年那年，现代国际尺八舞台上第一次有了中国人的身影。

易佳林：就是那一年，我通过老师的网站才跟老师联系上，网站上有一段中文，我就给老师发了E-mail，不想，神崎宪先生很快给我回信，由于他不能立即来中国，就答应通过网上视频，教授我尺八技法。这样，我们每个周日都上网，有一次我因故没睡醒，到了约定的时间，我的电话响了，一看来电显示，是国际长途。电话是老师打来的，提醒我到学习时间了，我很感动。认识老师之后，我觉得自己提高的非常快。

DIALOGUE

津子围：其实我们已经谈到了今天的话题的核心部分，我最感兴趣的也正是尺八回归的问题。近年来，随着人们物质生活水平的提高，人们的精神生活逐渐充实，文化需求不断扩大，文化生活日益丰富，弘扬传统文化已经成为我们的文化追求。和其他民族艺术形式一样，在消失多年后，尺八也悄然在它的故乡被再一次吹响——这是令我们兴奋和欣慰的。

易佳林：是的，很令人欣慰，我在重庆、北京、深圳、成都、西安、大连6座城市拥有一批"学生"，只要有人邀请，我都会免费前去义务辅导。而老师每年也来中国两三次，对学生一直都是免费辅导的。目前，国内的尺八迷已经发展至近200名。

津子围：可以说，尺八虽小，却具有象征性，它反映了一个民族的文化与机运的流转与兴替。这背后是人类文化流传变迁和民族盛衰兴替的深厚背景。

易佳林：我们遇到了好的时代。今后几年，我们这边的创作人，会努力创作更多的适合尺八演奏的曲子，那时，尺八将会有更大的发展。

津子围：太好了。我们看到了尺八在中国复活的希望。祝你们演出成功。

神崎宪：谢谢你的关注。

易佳林：谢谢。

事实与价值

与美国哈莱姆天使合唱团团长 Anna Bailey 对话录

时间：2010 年 7 月 20 日

地点：大连

哈莱姆合唱团简介

　　作为当今美国最著名的黑人合唱团,哈莱姆天使合唱团在全世界有极高的声誉。1986 年,合唱团创始人亚伦·贝利在哈莱姆棉花俱乐部参加为美国著名黑奴民权运动领袖马丁·路德·金举行的欢迎宴会时突发奇想,从而一举创立了该合唱团,其成员都是来自哈莱姆黑人教会、纽约以及美国三州地区最好的歌唱家和音乐家。

　　一直以来,合唱团以其激情洋溢、极富感染力的歌声向世界不同国家,文化背景迥异的观众传递平等、自由与爱的信息,分享他们的欢乐与信念。他们还不遗余力地致力于促进非洲、美国文化之间的互相交流与沟通,为世界的和平与美好祈祷,同时还让更多的人能够了解黑人音乐这一极富感染力的音乐形式。合唱团的所有演出的主题只有一个:"人人携手回报世界"。

　　合唱团的演出足迹遍及世界各地,包括德国、奥地利、比利时、瑞士、荷兰、法国、日本等地,他们还造访黎巴嫩、斯洛文尼亚、保加利亚、韩国等国家。众多世界演出圣地都留下了他们的美妙歌声,如美国卡内基音乐厅、阿波罗音乐厅、无线广播城音乐厅、纽约广场、音乐表演圣地欧文广场、迪斯尼乐园、洋基球场等。

DIALOGUE

　　津子围: 我在宣传海报上看到,美国现任总统贝拉克·奥巴马与哈莱姆天使合唱团的合影。奥巴马与合唱团之间有什么渊源吗?

　　Anna Bailey: 没有,那是我们的合唱团演出后,他到后台来看望大家,并与大家拍照留念。

　　津子围: 当时是什么一个场合成立这样一个合唱团体?

　　Anna Bailey: 我的丈夫第一次通过马丁·路德·金的影响和启发,成立了这个乐团,在这个合唱团当中很多人聚到一起,主张和平、自由、博爱。在世界上每个人都有希望和激情,把世界上所有人的激情和希望融入到一起,这是我们要做的事情。今天晚上合唱团唱的主要就是迈克尔·杰克逊的歌曲,他的歌曲一般比较欢快,比较令人高兴,我想通过这个宣扬我们合唱团的精神。

　　津子围: 你们是个有国际影响力的合唱团,听说足迹遍布了世界各地。

Anna Bailey：是的，与我们合作过的音乐家和团体非常多。你像叱咤摇滚乐坛 30 年的爱尔兰 U2 乐队，世界著名小提琴家安德列·瑞欧、爵士乐大师强·汉翠克斯、全英音乐奖被提名乐队剃刀光芒乐队、好莱坞最经典女星——《修女也疯狂》的女主角乌比·戈德堡、奥斯卡最佳音乐奖和格莱美奖得主艾萨克·海斯、爱尔兰光头歌后希妮德奥康娜、猫王女儿莉莎·玛丽·普莱斯利、新一代美国甜心杰西卡·辛普森、南方蜂鸟乐队、吟游诗人莱尔·拉维特、斯蒂芬妮米尔、辛迪·劳帕等等。

津子围：也来过中国吧？

Anna Bailey：去年 12 月的时候我们来过，这是第二次来中国。我非常喜欢中国，喜欢热情的观众，喜欢中国美味的食物，还有中国的建筑，都非常好。

津子围：在音乐交流方面，当然有商业方面的考虑，除了商业价值之外，是不是还有别的方面的因素？比如您说的合唱团的精神。

Anna Bailey：是这样的，我和我丈夫更注重价值，我说的价值，可能在你们的理解中是不一样的。

津子围：觉得价值和事实的关系是最密切的，但是事实并不是价值。当代社会每天都发生眼花缭乱的事实，事实是可以检验的，除却由于时间关系我们无暇考察的部分，科学本身为我们检验事实的"真"提供了无限接近的可能，而价值更多的与个人的主观感受有关，与情感方式有关。杀人是一个价值判断上的极端例子，斯巴达人弃杀残婴和楚克奇（Churchi）人杀死老人是符合他们的价值观的，前者为了种群的健康，后者相信只有暴力死亡的人才可以重生。事实上，即使最不被道德和法律所接受的谋杀，也仅限于价值群体的内部，战争中杀人合理是大多人认可的。那么，是不是大多数人的价值判断就是准确的呢？其实，即使是科学也仅仅是无限接近"真"的可能，在发现黑天鹅之前，这个世界上的所有人都相信只有白天鹅存在,再如科学定理,三角形的任何两边之和都大于第三边。定理都跟假设有关,而现实社会里没有绝对的直线,只有拓扑学意义上的直线,当第三边是弯曲的,比如平面视角下的赤道线,结论就不同了。而价值判断更为复杂,大多数人认为叶子是绿的,是有益于健康的,就认定是公共价值的"理",实际上有的时候,只有少数人的判断才是真知灼见。现实情况碰巧是:当代社会充满了类似性。事实与价值的模糊导致了精神的迷失,而困难在于:迷失成为了常态。

Anna Bailey: 您说得很好,认识和判断是一个复杂的过程,价值是精神的体现。当然,还需要交流和沟通,现在电脑都很方便,我们有电脑你们也有电脑,相互有网络,沟通上都比较成熟,在美国在纽约,很多人也在学习中国文化,学习汉语,我知道中国也很重视英语的学习,我们正在学习汉语,希望能够更好地进行交流。

津子围: 是的,我觉得中西方文化体现在逻辑与语言上。乍一看,逻辑和语言是同向上的关联,其实,它们的背后是两种不同的、个体生命与世界的联系方式:一个是理性主义,一个是自然主义。严复说中西方文化是两座高山。我部分地同意这一说法,是因为觉得起码它们不是两条河流,河流可以融合,而高山只能对照,从科技的角度说,碳与铁的比例,推动了现代化的进程,但从艺术的角度说,油与水的比例却难以物理性地解决。其根源是两种文化内在的"质"的不同。自然主义对事实与价值的判断依赖于经验的积累和确认,而理性主义依赖的是逻辑的正确和实证。如同砖头砸在大脚趾上,通常没人说"这很痛!"而是本能地"哎呀!"一样,前者符合逻辑,语言是"语用式",后者是本能的"描述式"。所以,这样的交流就更显得重要,不是因为有了障碍就不交流,而是更应该交流。

Anna Bailey: 是的。

津子围: 音乐是一种非常好的方式,音乐是没有国界的。

Anna Bailey: 音乐是没有国界的,中西方的文化是有差异的,但是人的本质的精神是一致的。我们这个合唱团,重要的是传播爱,爱对这个世界是重要的。

津子围: 你说得很对,在中国的传统文化中,也很重视"爱",尽管解释不一样,但总的方向是一样的。比如孔子的"仁爱",墨子的"兼爱",反映在人的实践上就是修德,"德"在人生中具有很重要的地位。过去古人讲一德二命三风水,德居首位。中国古代有这样一个故事,说有一位风水大师,走了三天三夜没吃东西,终于看到了一户人家,他就敲门去那户人家讨水喝,那个人当时给他一碗水,并在水中扔一些草棍沫子,大师很失望,但是特别饥渴,喝了水之后他想,不管怎样那个人还是给他水喝了。因为他是风水大师,所以决定帮这户人家看一看风水,他把想法对那个人讲了,并为那家人选了个迁移的地方。按风水来讲,最好的地方比风水大师选的地方远出一公里,风水大师选了一个不好也不坏的地方。若干年以后,大师又故地重游,回到这个地方,他发现那户人家人畜兴旺、特别发达,他想难道我搞错了吗?这个地方不应该这么兴旺啊,然后他就跟主人讲缘由。主人说,认出你来了,当时我看你落魄的样子肯定是好多天没吃东西没喝水,所以我给你清水的话你的生命不保,所以我要在水里放点脏东西。大师明白了,这户人家是大德之家,所以,虽然选一个风水一般的地方,但德能补晦,最后这户人家很兴旺。

Anna Bailey: 东方文化很神奇,我不是很懂,不过,您想表达的意思我明白。

津子围: 日本有一个叫江本胜的博士写了一本书叫《水知道答案》,不知道您了不了解这本书,他说这个世界上所有信息是相互感应的,而且他做了很多的科学实验,他把试验的水瓶放到冰箱之前,水冻结之前,贴上"阿弥陀佛",水就特别清晰明亮,贴上"爱",这个水冰结晶居然出现心的形状,贴上"妙法莲花经"的时候,居然有些结晶跟莲花是一样的,贴上"美好"的时候,水特别漂亮,贴上"恶""魔鬼"的时候,水的结晶就特别丑陋。所以说这个德,无论是认识的现实世界,还是需要我们进一步去发现、去探索的世界,德都是非常重要的。

Anna Bailey: 您讲得很新奇,我想这些大概都体现在东方人的灵魂里吧。

津子围: 西方人也重视灵魂的,奥古斯丁就十分重视灵魂而轻视肉体,他认为灵魂由光亮构成,肉体由黑暗构成。音乐是传递灵魂或者说精神的很好的方式。

奥古斯丁的二元哲学认为,有两个定律决定世界的运转,即暗(恶)定律和亮(善)定律,两者相互排斥,并在肉与灵中得到体现。灵魂由光亮构成,肉体由黑暗构成。

Anna Bailey: 是的,我也这样认为。希望中国也有这种五

音的合唱团,因为我们就是哈莱姆五音合唱团,里面有两首中国歌曲,传递精神和爱。

津子围: 我们相信,具有中国精神的音乐会更多地碰到美国的音乐,共同将美好的旋律带给这个世界。

Anna Bailey: 就是这种精神。非常荣幸有这次谈话,谢谢!

（翻译:朱立媛）

时间的背后

与丹麦 XONG 乐队对话录

时间：2010 年 8 月 20 日

地点：大连

丹麦 XONG 乐队简介

艾琳·贝克。钢琴手及键盘手。1951 年出生于丹麦。获哥本哈根大学硕士学位。1981 年加入哥本哈根丛林交响乐团,多次来华参加北京、上海爵士音乐节。世界知名音乐创作人,为多部电影和舞台剧作曲。

夏洛特·哈尔伯格。长笛演奏家。1953 年出生于丹麦。1987 年成为职业音乐家,1988 年至今在全球参加 10000 多场演出。在世界之旅中不断寻找音乐灵感。

俞君。1971 年出生于上海。6 岁起学习古筝、钢琴。8 岁登台演出,16 岁开始职业演出生涯。1997 年毕业于上海音乐学院。1996 年在上海爵士音乐节和皮埃尔的新丛林交响乐团合作演出。1997 年受皮埃尔邀请到丹麦录制专辑。现居柏林,在德国与多个乐团合作演出。

本特·克劳森。打击乐及多种乐器演奏家。1952 年出生于丹麦哥本哈根。在 20 世纪 60 年代作为鼓手参与摇滚乐和爵士乐的演出,继而开始表演钟琴、钢琴、木琴、吉他和五弦琴以及各种打击乐。演出足迹遍布全球,世界各地的爵士乐节经常可以看到他的表演杰作。

津子围: 今天是个特别的体会,刚刚在欣赏你们的音乐时,我注意到,你们的音乐是中西合璧的,俞君的是古筝,艾琳、夏洛特是西洋乐器。我看到节目单上的简介,"颂"乐队。你们是一个组合,这个"颂"是什么意思呢?

俞　君: 这个"XONG"在英文中没有对应的词,在西方人的眼里,"XONG"这个发音很有异国情调。那么,这次我们到中国来,翻译过来就成"宋朝"的"宋"了,因为"宋朝"具有中国的文化特色。

津子围: 但节目单上这个"颂"好像不是您刚说的那个"宋",是"歌颂"的"颂"。

俞　君: 哦。那可能他们是又在帮我们音译了一个词。

津子围: 并且,在你们演奏过程中,运用了各种形式、各种风格。这个感受是很独特的。

夏洛特·哈尔伯格：是这样的，我们想把世界各地的音乐中好的元素结合起来，包括丹麦、中国、美国等一些音乐收集起来，融合到一起。

津子围：像这种形式，俞君您可能体会更深刻。在西方演出的时候，你们这种中西合璧的形式，你觉得效果怎么样？

俞　君：非常好。但也看怎么去融合。中国的音乐和他们的轻音乐还不太一样。我个人觉得，我们是一种非常深入的融合，而不像卡拉 OK 厅里的那样，随便演奏西洋音乐，后面伴奏就行了。我们也是融合了很多年，才达到这种程度。

津子围：融合了中国的音乐风格和丹麦的音乐风格，主要演出也是这两个国家吗？

夏洛特·哈尔伯格：不是的，我们到全世界做演出，从1988 年开始，我们几乎走遍了全世界。在演出的过程中，我们也不断吸收各地的音乐养分。这样，我们的舞台就大了，时间在我们这里发生了变化。

津子围：什么样的变化呢？

夏洛特·哈尔伯格：时间有的时候被压缩了，有的时候被膨胀了。

津子围：您的这个说法很好。我一直觉得自己漂浮在时间的河流里，同时也一直被"时间"问题困惑着，从奥古斯丁对时间的怀疑开始，到艾柯的时间河流里寻找和确定坐标，到暧昧而坚决的 M·普鲁斯特，普先生觉得时间可以摧毁一切，但也认为回忆可以起到保存的作用。他告诉我们的保存方法是："某种回忆过去的方式。"2006 年夏季的一个雨天，我在大连东北财经大学一家书店里与《预测未来/剑桥年度主题讲座》不期而遇。我清晰地记得翻阅那本书时，书店窗玻璃上流动着水珠。也许是机缘或者巧合，我找到问题答案的另一部

唐·卡皮特，剑桥大学教授，著有《告别上帝》《信仰之海》《时间》等。

分。唐·卡皮特教授在《最后的审判》中提到了循环时间和线形时间，看到这些文字，我恍然大悟，正如 K·拉纳所言：超越时空之后，我们总有相遇的地点。

夏洛特·哈尔伯格：那么您对时间是怎样理解的呢？

津子围：对于个体的生命来说，人的生命周期是由"生物时间"决定的，从青年经过中年步入老年的运动，但不是历史时间。而对于纪元的年号来说，总带有"神的时间"的戳记。人与人的关系也因此变得既富有情意又错综复杂。那么循环时间呢？循环时间是"自然时间"的体现，一年四季周而复始，这些区分使我们认识到：时间对未来却丧失了刻度。伊夫·瓦岱指出："现代性是一种'时间职能'……现代性的价值表现在它与时间的关系上，它首先是一种新的时间意识，一种新的感受和思考时间价值的方法。"至此，"价值时间"的意义被凸显出来了，您周游世界的时候，是不是挖掘了价值时间了呢？

夏洛特·哈尔伯格：我第一次接触"价值时间"这个词，也许吧，我只是觉得让生命更丰富，让时间变得更有意义，也许这就是您说的价值时间吧。还想问一下，您这样划分时间，是不是受西方哲学的影响？比如您说的剑桥大学的教授。

津子围：认识往往是多方面因素的影响，当然会有西方的影响，唐·卡皮特教授关于循环时间的看法打开了我认识时间的另一扇窗子。在他看来，线性时间是令人悲观的，人从出生开始，死亡就成了目标。如同基督教的异教徒，被逐出天堂的大门之外，在线性时间里走向死亡。中国传统文化中关于时间的思考非常多，比如一呼一吸，天地鸿蒙；一刹那时，宇宙洪荒。比如"闻钟始觉山藏寺，到岸方知水隔村"，反映了一种存在和时间的关系，比如"海日生残夜，江春入旧年"（唐·王湾，《次北固山下》），反映的是时空的转换，夜色还没有褪尽，海上升起红日，旧年尚未过完，春天的气息已经悄悄来临。中国清代晚期有个重要的人物左宗棠，他在造一座大房子时，天天监督，招致工人厌烦，工人说，我修的房子从来没垮过，但房子经常易主。就这一句话，让左宗棠经历了一次穿透和自我

爱德华·萨义德："人的时间"取代了"神的时间"，不可填平的时间鸿沟被消弭了。人取代了神，个人取代了集体，世界因为每一个人的独特个性而变得丰富多彩。

叔本华：普通人只想如何度过时间，有才能的人设法利用时间。

DIALOGUE

超越。再比如"出世与入世,一念之间;历史与现实,一时之间",反映的就是中国古老的文化观和辩证思维。

夏洛特·哈尔伯格: 您说得很好,我到世界各地去的时候,觉得时间在缩短,世界在变小。

津子围: 世界变成了弧形,时间也弯曲了。

夏洛特·哈尔伯格: 呵呵,是的。

津子围: 我挺羡慕你们这样的生活,走遍世界任何一个地方,同时还给世界各地的人带来愉悦和享受。

艾琳·贝克: 感谢音乐。

津子围: 也许正是基于你们的经历和理解,音乐在你们那里变得娴熟、自如和轻松。

艾琳·贝克: 对,这种感觉就像爵士音乐的那种,站在台上很放松。其实,我们今天演的音乐,是演奏和作曲同时进行的,起先,我们只是做一个框架,大部分是即兴创作的。

俞 君: 她的意思是说,因为我们是即兴演出,一边演,一边还具有很多的灵感。可能这个即兴,对我们中国人来说,还比较陌生。打个比方,像我们唐朝的时候,那时的诗人讲究即兴作诗。这个即兴，主要是看平时的功力，现场作诗，我们是现场作曲。

津子围：很了不起，我猜想，如果在每一场的演奏中都进行创作，那一定是非常愉快的事情，生命的潜能也在不断地释放。真的非常好！你们这种即兴的方式，对音乐的创作可能是，不是把它谱成一个曲子，每一次都是一次创作。

俞　君：对。十几年前我们就开始探索，即兴的音乐，即兴的演奏。当时，中国还没有女子十二乐坊，还没有那些新音乐。十几年前，他们邀请我去丹麦，而后我就在欧洲生活了十几年，也遇到了很多音乐家，从中也得到了很多的灵感，就想能够自成一体。

津子围：这是很了不起的。在以往欣赏音乐的经验中，我们都有些正式，甚至有些紧张，我说的紧张一方面是演奏者必须熟悉要演奏的曲目，哪怕有一点小的失误都不行，所以，演奏变得很标准化，很紧张，还有一层意思是演奏者与观众之间的紧张关系，两者之间的紧张关系使得他们产生了距离感。

艾琳·贝克：其实，我们的音乐是非常有结构的，在这个框架里进行即兴演奏。可能有的时候，自己都没有安排好自己在某个时候使用什么旋律，主要是看看台上台下的互动，再来进行演奏和表达。

津子围：我注意到，在演出时，夏洛特在每一首曲子演奏之前，都要做讲解，当然也不是解释的那种，甚至有点演讲的意思。您很有激情，状态也非常好，非常有感染力。

夏洛特·哈尔伯格：谢谢您这样评价。可能就是有时，对音乐的感觉无法表达，而是通过与观众的互动来进行沟通。看观众是否喜欢，或者观众是否感兴趣。我们要为观众提供他们喜欢的声音。

津子围：还有本特先生的打击乐，我觉得您手里的乐器好多是陌生的，甚至觉得好多是不可能带上舞台的，但是在您的手里，那些陌生的器物都变成您的乐器，都被您敲打出了节奏,这需要功力,同时也是您内在生命活力的展示。

本特·克劳森:是的,音乐是不能局限的,有多少器物就有多少音乐的可能性。

津子围:谢谢,今天的谈话使我认识到,我们一直期望的中西文化交流和合作,其实从未间断过,就像俞君和你们的合作,你们实际地做出了很多好的尝试,中西合璧,结合得这么好,还是体现在舞台上的。另外,我与夏洛特女士关于时间的讨论也很难忘,时间的不确定性和非历史性,在时间的背影里,需要每个人的具体阐释,如同福克纳"小齿轮"的形容。总之,我觉得时间是永恒的,而飞逝是我们。可贵的是,人在其间找到了意义。

福克纳:只要那些小齿轮在咔嗒咔嗒地转,时间便是死的;只有钟表停下来时,时间才会活过来。

美丽的世界

与联合国友好理事会主席诺尔·布朗(Noel Brown)博士对话录

时间:2007 年 4 月

地点:北京

诺尔·布朗简介

诺尔·布朗(Noel Brown)博士,前联合国环境项目北美区主任,曾获得西雅图大学政治科学和经济学学士学位,乔治敦大学国际法和组织学硕士学位,耶鲁大学国际关系博士学位。他也同时拥有海牙国际法学院国际法专业荣誉证书。现任联合国友好理事会主席,同时拥有世界艺术和科学学院成员、国际和平研究院主席等头衔。他多年来在全球范围开展广泛的咨询和演说并有众多出版物。通过他和和平儿童国际组织的共同努力,发起和鼓励了一大批有志青年,以对年青一代有深刻意义的方式和语言改写了"21世纪议程"中地球可持续发展蓝图,最终形成全球关心环保的著作《拯救使命》。先后获得联合国友好使者奖、Gaia奖和全球教育协会关心地球杰出服务奖等环保方面的褒奖。1998年,获得了世界艺术和科学学院杰出公益服务奖。2005年,获得了服务地球终身成就奖。

津子围: 布朗先生,我知道您一直致力于环境保护和促进人类的友好和谐,大连是被联合国授予全球环境500佳的城市,您去过大连吗?

诺尔·布朗: 还没有,不过通过您提供的画册看,大连的确是个非常美丽的城市,看一眼就觉得喜欢,我想,我会有机会去大连看看的。

津子围: 我知道您主持出版过一本有影响的专著《拯救使命》。不能小瞧一本书的重要性,当年一本书《寂静的春天》,改写了人类环保的历史。

诺尔·布朗: 是的,您说的是美国生物学家蕾切尔·卡逊1962年出版的那本书,叫《寂静的春天》。卡逊博士通过阐释农药杀虫剂DDT对环境的破坏和污染作用,引发了美国政府对剧毒杀虫剂问题的调查,由于这本书导致的调查,美国联邦政府于1970年成立了环境保护局,其他各州也相继通过了禁止生产和使用剧毒杀虫剂的法律。所以,这本书被认为是20世纪环境生态学的重要标志。

津子围: 具有里程碑的意义。

诺尔·布朗: 是的。联合国1972年发起了"第一届联合国人类环境会议",大会是在瑞典斯德哥尔摩召开,会上发布了著名的《人类环境宣言》,那之后,环境保护问题、环境保护工作成为世界各国政府的一项重要工作。

津子围: 中国的环境保护工作也是从 1972 年开始的,颁布法律正式规定在全国范围内禁止生产和使用 DDT。

诺尔·布朗: 环境问题是全球性的,工业发展带来的数百万种化合物存在于空气、土壤、水、动物、植物以及人体之中。那些重金属、有毒物质不仅集中在某一地点、某一生命体上,还存在于整个食物链中,即使南极北极的天然的冰盖也不能幸免。目前,世界上的超大城市越来越多,大城市里的生活环境进一步恶化:水污染、空气污染、卫生条件差、无安全感等等,发展中国家更明显一些。

津子围: 任务也更重一些。

诺尔·布朗: 是这样的。

津子围: 其实,就东方文化来说,一直是强调人与自然的关系的。

诺尔·布朗: 是的,东方哲学是这样的,我知道孔子和老子。

津子围:《周易大传》里说"先天而天弗违,后天而奉天时",要求人"辅助天地"。儒家提出"天人合一"的思想,倡导"仁民爱物",《庄子·齐物论》中说:"天地与我并生,而万物与我为一。"人事必须顺应天意,顺应天理,将天之法则转化为人之准则,方能国泰民安。道家提出"道法自然"。老子认为,自然法则不可违,人道必须顺应天道,人只能"辅万物之自然而不敢为"。"顺天者昌,逆天者亡。"庄子则说:"无以人灭天"。这里讲的"道法自然",其实就是要按照自然法则做事情,而宇宙万物都有超越人的主观意志的运行规律。佛家则提出"佛性"为万物之本原。宇宙万物的千差万别,都是"佛性"的不同表现形式,但是,其本质仍是佛性的统一,而佛性就意味着众生平等,无论动物、植物,其生命的权利和人是一样的。

《文言》:"夫大人者,与天地合其德,与日月合其明,与四是合其序,与鬼神合其吉凶,先天而天弗违,后天而奉天时。"

《庄子·秋水》:"无以人灭天,无以故灭命,无以得殉名,谨守而勿失,是谓反其真。"

诺尔·布朗：是的,东方的哲学很深奥也很讲环境文明。

津子围：在这种文化观的影响下,中国古代就比较注重"环境保护",比如四千年前的夏朝,规定春天不准砍伐树木,夏天不准捕鱼,不准捕杀幼兽、获取鸟蛋,比如三千年前的周朝,严格规定了打猎、捕鸟、捕鱼、砍伐树木、烧荒的时间,休渔、休猎,到了秦朝大一统之后,仍继承先朝的做法,禁止采集春天刚刚发芽的植物,禁止捕捉幼小的野兽,禁止毒杀鱼鳖等等,中国历朝历代,都有明确法规与禁令进行环境保护。当然,也有违反天道规律受惩罚的时候,有一年我去西安,西安是中国唐王朝的首都。唐初,西安是一个美丽的城市,也是世界上最大最富足的城市,八条河水绕长安,山清水秀。现在看不到古代的景象了,曲水干涸了,绿荫不见了,气候条件不太好,风沙很重。当然,环境变化不是近代才有的事情,在唐朝鼎盛时就发生了。在当时没有煤炭、石油能源的环境下,一百多万人的大城市冬季取暖就成了问题,于是开始伐木,把城市周边的树木伐没了,开始向四周扩散,据说伐木一直伐到了湖北的地界。树木没有了,生态环境必然破坏了,于是沙尘暴出现了,一个美丽的城市变成了漫天灰尘的城市。那次我站在西安的乾陵上想,大唐的衰落是不是跟这个有关系呢?

乾陵是中国乃至世界上独一无二的一座两朝帝王、一对夫妻皇帝合葬陵。里面埋葬着唐王朝第三位皇帝高宗李治和中国历史上唯一的女皇帝武则天,是全国重点文物保护单位。建于公元684年,历时23年才修建完成。

诺尔·布朗：您说得很好,当时也许他们认识到问题了,但解决的能力不够。就像现在,如果我们不认真解决好环境问题,也是要出问题的。比如,目前生物多样性的损失和居住环境的破坏可能对人类的健康带来巨大的问题和危害,如果说是热带雨林消失的话会带来皮肤病的问题,那么六大瘟疫的产生是不是和我们破坏了的环境和生物链条有关呢? 一个叫马克沃尔特的记者说如果人类的栖息地改变了生物的多样性,就能导致一些传染病,比如疯牛病、艾滋病,还有发生过的非典和禽流感,这些其实是有事实根据和科学数据的。

津子围：我在出差的时候还看到过这样的情况,有一个乡镇发展得很快,当然污染也很重,后来他们有了钱,为了改善环境,他们花钱挖了水塘,建了森林公园,放眼望去,山清水秀,很不错。但是,那个地方没有鸟,如果一个山清水秀的地方没有鸟,一定很麻烦的。所以我觉得,那种看不见的污染更严重。当然,既然认识到了,他们会找到问题的症结,也意味着迟早要解决这个问题。

诺尔·布朗: 保护环境是个大的课题,改善环境也需要缓慢的过程。问题的重点是要找出问题的关键并有效地加以解决。

津子围: 自然环境的保护当然重要,人文环境的保护同样是重要的,20 世纪对全世界来说都是灾难深重的,对中国来说更是如此,战争破坏了家园,更破坏了精神的家园,人文环境的破坏比自然环境的破坏还要来得痛苦。我是这样看的!以前,我读过法国作家克洛岱尔写的一本小说,那是一本反映第二次世界大战的小说,但是作家并没有正面表现战争"前线",避开了炮火、废墟和鲜血淋淋的场面,而是放在了人的视角上,在他看来,人的身体、信仰、情感、灵魂才是真正的"前线",战场其实是"后方",隆隆炮声不过是背景和画外音,只是一种"结果"的表现形式。(法·菲利普·克洛岱尔《灰色的灵魂》)或者这样说,自然环境的破坏也好,保护也好,都跟人有关,都是人的观念作用下的结果。按梅尼克的说法,历史发展的根源是文化。所以,自然环境保护和人文环境保护同等的重要,甚至更重要一些,是不是这样?

诺尔·布朗: 是的,所以我们提倡人类做大自然明智的主人,在新的挑战中找到让人们感到鼓舞的解决方案。

津子围: 在我的印象中,瑞典的作家马丁松是位有预言性的环保主义作家,当别人对现代文明大加赞赏的时候,马丁松就对工业、科技发展对自然资源野蛮掠夺式的生产方式表示不满。特别是广岛遭到原子弹袭击后,他对工业和科技的发展持否定的态度。马丁松借用中国的道家思想,反对城市化。通过自己的文字向全人类发出警告。马丁松是个预言家,他预见了现代社会未来的"全球化"中会出现的多方面的问题。他是 1974 年诺贝尔文学奖获得者,瑞典皇家学院颁奖词称赞

德国历史主义学派 F·梅尼克《德国的浩劫》:总结德国出现希特勒法西斯主义的教训和如何从浩劫后的废墟上复苏时,最后都归结到文化的根源上。

马丁松对现代工业技术的忧虑反映在他的第一本小说《失去的美洲豹子》中,也明显地表现在他的诗集《大车》、《茨卡达》以及《图勒的青草》等作品中。

他:"捕捉了露珠而映射出大千世界",我觉得这句话非常准确、也非常重要。

诺尔·布朗: 我非常同意您说的人的意识和认识的环境保护,这也正是我们要做的工作,同时也要有实际而富有成效的行动以防止自然环境的恶化。包括对山川、河流、蓝天、大海的保护,减少采矿、伐树、过度放牧,不能乱排污水,乱放污气,不能过度开发自然资源、破坏自然界的生态平衡。

津子围: 还应有全新的生活理念,在衣、食、住、行等方面,都要符合绿色、低碳、科学、卫生、健康的要求。

诺尔·布朗: 随着先进的科学研究和技术创新,我们相信人类会在环境保护问题上给世界带来新的希望。为了我们美丽的世界,我相信与大家共同合作将会实现共同构建和谐国际社会这个与联合国宪章所提倡的精神相一致的伟大目标。感谢您与我讨论了这么深入的问题,我有很大的收获。

津子围: 我也是。谢谢。

　　联合国友好理事会（www. fotun. org）成立于 1985 年，是联合国授权最大的非营利性、非政府组织。致力于与社会各界广泛合作，推动联合国的使命，代表联合国调动公众的支持度，引导公众关注联合国在和平、人权、环保、儿童和经济发展等方面的主要项目和成就。

　　Friends of the U. N. is a non-governmental organization associated with the United Nations Department of Public Information. It is a nonprofit, tax-exempt (501 C-3) organization. Contributions are taxdeductible.

　　Friends of the U. N. is an affiliate of the UNA-USA Council of Organizations.

DIALOGUE

传统的印迹

与美国田纳西州 MPA 访问学者对话录

时间:2010 年 6 月 3 日

地点:东北财经大学研究生教学楼 612 教室

今天有这样一个难得的机会和大家交流,感到非常高兴。我和东北财经大学的关系源远流长,我本人是这个学校毕业的,我太太也是这个学校毕业的,所以,东北财经大学是我们今天交流的重要纽带。

今天和大家交流的题目是《传统的印迹》。这是一个规定的题目,可能这个题目是先入为主的。随着国际社会一体化进程的加快,为了我们更好地沟通、理解,应该了解各国的文化背景、知识体系以及文化基因。我工作了近30年时间,也去过很多国家:美国、欧洲、澳洲、日本等,一个深刻的体会就是,要想深刻地了解中国的行政管理,同时应该知道中国的传统文化在其中起了什么样的作用,或者换句话说,不了解中国文化就难以了解中国现在的行政管理,甚至会产生大的误会。我讲一个真实的故事,这个故事发生在本世纪之初,我认识的一位朋友被派到县里当领导,去了一个星期,他跟我讲,一到县里,他就遭遇了"上、中、下"三重尴尬:一是原来的老领导及时跟他谈话,指出他的言行举止不像"一把手",因为县里的一把手是不能穿牛仔裤的,业余时间也不行。你自己不像官是不行的,老百姓眼睛里有"官"的标准。二是他在那个县城没有亲戚朋友,可几天的时间,居然有那么多人找他攀亲,亲戚的朋友,朋友的朋友等等。三是那些下属们,他们都有明确的工作职责,可不知道为什么,大家都眼睁睁地看着他,等他的指示。我讲的这个例子,就是中国传统文化的体现。

古代传统文化中行政管理的弊端主要有这么几个特点,一是政治的伦理化,做官有官德比做官有政绩还重要。二是人治的色彩,谁官大谁的权力大,规章只是补充。三是人情,人情关是一个社会的环境和潜规则。四是官本位,自古"学得文武艺,卖于帝王家",做官是实现自身价值和光宗耀祖的途径。与现代管理比较,按马克斯·韦伯归纳:理性化、照章办事、非人格化、稳定性、永久性、层级性、专业化和职业化等,形成了强烈的反差。

说到这里,你们可能有疑问,为什么中国传统行政体制很多地方是不合理的,可是为什么它会这么持久地持续下来。

这里面因素很多，政治、经济、文化背景等，其中很重要一个因素，是传统文化中有营养的一部分，所以才能长久。比如说一个核心问题是，西方的官员要守则，中国的官员要修身，只有"修身"，才能"齐家、治国、平天下"，也就是关键的"吏治"，所谓"明主治吏不治民"，是中国历朝历代维护皇权统治和国家统一的秘诀。而严于治吏的关键环节是"引礼入法、礼法结合"。因为"人治"的核心是"德治"，即"德治天下，以德服人"。让官员都树立"先天下之忧而忧，后天下之乐而乐"的观念。因为在西方，修身部分归宗教管理，行政部分完全由法律管理，中国不一样，除了法律外，主要靠道德约束。程颐把张载的思想概括为"理一分殊"。朱熹把理一分殊作为其一元论哲学的重要命题。

布什曾说过，人类三千年文明的成果是能把总统囚禁到笼子里。他说这是人类文明的进步。那么，这种情况为什么在古老的中国发生呢？基督教国家在历史上一直是通过宗教来调解人与人、人与社会之间的关系以保持社会的稳定，即使在今天所谓的法制社会，宗教仍然是稳定人与人、人与社会关系的一个基本支点。中国古代则不同，历史上从来没有产生人们普遍信仰的真正意义上的宗教，中国是一个道德社会，道德是中国社会维持稳定、处理人与人、人与社会以及个人与政府之间关系的基本支点。政教是分离的。同时，中国古代也是政教混合的，历史上作为一个幅员辽阔、人口众多和民族结构比较复杂的大国，自秦汉以来，不是通过宗教信仰，而是通过伦理道德与官僚制度的结合来凝聚民心。而发挥持续性作用的就是以儒道释为核心的传统文化。

在 3000 年前，中国有个春秋战国时代，也是古希腊比较繁荣的时期，基督教起源也差不多在这个时期。那个时期中国出现了百家争鸣，出现了很多学术流派，影响到今天的学术流派，请看这张中国传统文化发展脉络图。对中国文化影响比较大的就是儒道释，儒家、道家、佛家。实际上法家、墨家、兵家这些影响也是很大的。影响比较长期、比较深远的实际上还是儒家、道家，民间可能是佛家的影响重一些。

在座很多人都知道孔子,孔子是儒家的代表人物。孔子主要讲"仁、义、礼、智、信","仁"和西方的爱比较接近,孔子讲仁者爱人。义是大丈夫的气节和道义,可以舍生取义,也就是为了道义可以不惜生命。礼讲的是社会等级,每个等级层面有不同的规范和标准。比如高官可以吃六碗饭,县官只能吃四碗饭。智是讲智慧。信是讲信义和信用,信义是君子的行为。孔子讲仁,孟子讲义,孔孟的重点是不一样的,孔子强调仁,孟子强调义,孟子讲,居天下之广居,立天地之正威,行天下之大道。中国的中学课本里有孟子的名言:富贵不能淫,贫贱不能移,威武不能屈,孟子的大丈夫气概和孔子是不一样的,儒家实际上就是讲德政、秩序、礼仪和仁爱,他讲的仁爱和墨家的仁爱是不同的,他讲仁爱在民间更多的是善。中国在那个时代,还有一个法家,其实它是儒家的一个分支,和我们现在的法律制度有些相像,通过法律来管理社会和人。但是由于时代的关系,法家在执行的时候过于严苛,与"暴政"的印象联系在了一起,所以这个传统没有很好地发展起来。制定法的人,后来都被自己的法所杀死了。这三千年来,中国作为文化主体的就是儒家。从前一种格局是,行政系统是儒家,思想艺术领域是道家的,民间是佛家影响比较大,民间也有墨家影响。

道家主要讲天人合一,天地人是和谐的,是人和自然的关系。实际上体现了一种对自然的关怀和自然和谐友好的关系。"道法自然,无为而治"。"无为而治"常被后人误读,"无为而治"不是不作为,而是在道也就是规律面前不要强作为、乱作为。历史上,道家在社会混乱时期发挥的作用大,走向秩序以后用儒的时候比较多。实际上我个人体会,现在中国是墨时代,比如墨家讲"兼爱",他这个"兼爱"的成分有点类似于西方的博爱,这种爱是不讲条件的。墨子讲,比如说对方是你的仇人怎么办,那你也要爱他,这种爱和同利益团体的那种爱是不一样的。儒家讲舍生取义,不要利,为了义可以不要利,但是墨家讲"交相利",就是我们既要做好事,同时通过我们做的事而获得利益。实际上现在社会结构也是这样,我们为别人工作，别人也为我们工作。墨子认为有三患，就是饥者不择食，寒者不得衣，劳者不得息。同时墨子讲非攻，不侵略别人。我们现在讲和平，倡导世界和平，讲非攻，讲尚贤，是不是这样？还有，墨子提倡节葬，这与儒家不一样，儒家讲厚葬，孔子的规定，你是什么样的身份，就应该修什么样的墓，甚至墓多高，多大的面积都有规定，但是墨子就是讲节葬，这与当代的殡仪制度还是有相一致的地方。佛教，讲慈悲、讲修行，"明心见性，见性成佛"。在座的好多人都知道佛教，从西方哲学的角度来看，佛教是最大的悲观主义者，我刚才只是跟大家点点题，因为每一个方面的思想都是博大精深的，都不是一天两天能完成，有的用一生去研究也未必能研究清楚，由于时间关系我只能跟大家点点题。

下面，我重点向各位介绍一下易经。为什么介绍易经？易经是中国所有经典的源头，是"万经之首"。比如儒家讲的中庸，来源易经；道家讲的天人合一；还有兵法、中医、天文地理等等都来源于易经。有的外国朋友也知道易经，一提易经就问，易经是不是算命的，这种理解也没错，它有一个重要的功能就是占卜，但实际上更重要的，它是一种文化、哲学和百科全书。易经讲起来非常复杂，我尽量用最通俗的说法跟大家交流。

易经原来有一个连山易、归藏易，后来到周文王演变成周易。连山易的排法上，艮卦排在第一位。归藏易就是把坤卦排在第一位。到了周易就把乾卦排在第一位。周易是什么时候产生的？现在说法，历史是五千年，实际上我们是下五千年，上是不是还有五千年？所以周易的形成过程是非常漫长的。为什么有的人讲周易是科学的？因为周易的产生和现在西方的科学起源是一样的，都是不断实验的结果、实证的结果，每一次占卜，占卜的结果正确的就记录下了，然后修正，再占卜再修正。西周之前，周易一直是皇家用的，没有到民间，到了西周礼崩乐坏，周天子已经没有实际权力了，只有两个象征的权力，一个是祭天的权力，这个诸侯是不可以做的，另一个就是颁布黄历。当然黄历也不是周历，实际上一直到今天中国沿用至今的仍是夏历，中国历史上不用夏历的时候也就是短短十几年，就是王莽篡政的时候，现在用的黄历仍然是夏历。在此之前，除了皇家之外，外人无法接触周易。

据说首先接触周易的是老子，老子当时是周朝皇家图书馆的馆长，相当于现在国家图书馆馆长，这个时候他读到了周易。孔子是如何接触到易经的呢？孔子晚年定居鲁国，当了个编纂鲁国历史的小官，才得以见到《易经》的庐山真面目。

老子读到周易之后，形成了自己的思想，创立了道家学派。老子说，道生一，一生二，二生三，三生万物，老子当时怎么就知道？他的说法和霍金的理论相同，就是写《时间简史》的那个英国科学家霍金，大家都知道他那个宇宙大爆炸理论，老子开始说的太阴，不就是黑洞吗？现代科学已经证实，分子、原子、粒子，粒子还可以分开，用电子对撞机，夸克，但是如果把夸克打开，会不会是黑洞呢？霍金说黑洞很小，最后没办法说像豌豆那么大，其实黑洞的大小是无法确定的，能就因为一个很小的，看不见的一个点，就把地球吸进去了。老子那个时候，三千年前就说出来了，那我们是不是可以说当时是老子猜想，今天才印证了。例如易经的 64 卦排列方式，与 DNA64 组的排列形式相同，这个图就是 DNA 密码，人体 DNA 密码和易经八卦的组合部分。它俩排列顺序是极其相似。这个图是 1997 年美国科学家宣布在宇宙中发现反物质喷泉，就是有物质的同时就有反物质，有物质就有暗质。所以说有的生命现象为什么没法解释？我们照了照片，照片都是由点制成的，可是你把那些点还原成你的时候，你可以做到吧，按它的顺序排列就可以做到，但是生命体就不行，把你拆开以后就是蛋白质、碳水化合物、氨基酸，可是这些同样的东西你把它组成生命，组成一个独特的人的时候，做不到。每个人的眼睛不一样，虹膜不一样，所以所有人判断是不一样的。尤其是二十世纪，1900 年到 1999 年，这个期间，人类新的发明、新的创造有三分之二都是易经解释过的。我简单向大家介绍两卦。这个卦，上下是阴爻，中间是一个阳爻，坎卦，是水的意思。水的外面是凉的，中间是热的，氢二氧一，古人怎么知道？这个卦，上

《论语·述而》："子曰：加我数年，五十以学《易》，可以无大过矣。"

《史记·孔子世家》："孔子晚而喜《易》，序《彖》、《系》、《象》、《说卦》、《文言》。读《易》，韦编三绝。曰：假我数年，若是，我于《易》则彬彬矣。"

DIALOGUE

DIALOGUE

下是阳爻,中间是一个阴爻。这个卦叫"离",火的意思。小学上实验课,火的中间是凉的,还有太阳黑子,这些,古人是怎么知道的呢?

易经是由这基础的八卦组成的,太极生两仪、一阴一阳,然后两仪生四象,四象就生八卦,下面我介绍一下八卦的名称:乾卦、坤卦、震卦、巽卦、坎卦、离卦、艮卦、兑卦,天地、雷、风、水、火、山、泽。有人说易经读不懂,这非常正常,易经本来就不是读的,是悟的。不要说现在人,就是古文底子好的人,读易经也非常困难。为了便于大家入门,我介绍一下几个几乎每一卦都出现的四个关键词:"元、亨、利、贞"。第一个就是元,元是出初始,它有创新的意思,概念的创新、观念的创新、思维的创新、理论的创新、方法的创新、工具的创新、手段的创新、格局的创新。第二个是亨,通达的意思,同时也是积聚力量打通障碍的意思。利,不是利益的含义,当"和"讲。太和是和谐的最高境界,天人合一是和谐的最高目标,所以说西方人讲物竞天择,中国人讲天人合一,实际上这是走了两个不同的途径。这个"和"非常重要了。小胜靠智,大胜靠德,常胜靠和。民间讲,小富由俭,大富靠命,要想长富还是要靠和。最后是贞,这个贞就是刚正的意思,也是当一讲,贞往往就是品德。

易经的核心内容实际上贵在执中和持中,就是儒家讲的中庸,执中和持中就是在我们的工作当中,包括我们的人生的设计当中,甚至到生活的方方面面,都秉持"中和"。这个中和与西蒙的"次优理论"有相同点,就是你追求最好的时候,追求极致的时候往往就物极必反,就像易经里的否卦,否卦达到顶峰的时候就是否极泰来了,所以说"次优"是人生最好的选择。在行政管理实践中,很难理想化地选择最优,而更多的时候都选择次优,所以说在这一点上,西方的理论和我们最古老的东方智慧有了相遇的地点。

所以说,了解了易经才能更好地理解儒、道、释。不要说行政管理机关,包括普通的老百姓,一个没有文化的人也可以说出经典里的语言,说出出自经典的成语。像佛经,流行的成语有两千多个出自佛经,比如一尘不染、盲人摸象、昙花一现、一针见血等等。来自易经的也是比比皆是,比如说自强不息、群龙无首、谦谦君子、反目成仇、立竿见影、正大光明、殊途同归、洗心革面等等。所以我们的日常生活就浸染在传统文化当中,有这样的文化,能不对现实的行政管理产生影响吗?

公共管理是个人和个人的合作、组织和组织的合作、组织内各成员间的合作、个人与组织的合作。由于传统公共文化影响,会产生什么样的问题呢?其中一个表现就是付出最小化,偷懒。比如你们单位的一个领导向部下安排工作的时候,部下会在想,为什么让我加班,给不给加班费?我做这件事情值多少,你给我什么回报,他会想这样的问题。不合作的表现之二就是私利的最大化,原因是长期的自给自足的农耕文化导致人与人之间缺乏合作意识。另一方面,较短的现代化过程没能使中国人受到足够的分工协作的锻炼。从自然经济直接进入到产品经济,然后又重新回来搞商品经济、市场经济。这个阶段有了很快的发展。由于物质增长太快有的时候觉得精神没有跟上。我说的精神当然是多个方面的。激励问题上，面子与地位的激励效果最有效。压力问题是小不忍则乱大谋，决策问题就是高度集中，高度协调化。群体层次，很多人普遍的心理就是宁为鸡首不为牛后，这是一种集体无意识的表现。沟通方面是高度情景依赖，擅长弦外音。在冲突上的反应上面，大事化小，小事化了，只讲情面，不讲原则。当然，我说的这些并不是普遍现象，是典型的案例。总结以上几点，我个人这样看，中国行政管理方面，尤其是传统文化影响，的确有一个兼收并蓄的问题，有一个现代化的问题，同时有一个对传统文化中好的部分怎样发扬光大的问题。

封建专制时代的行政文化是尚权威、重服从，资产阶级革命时代的行政文化是讲人权、尚实效、重法治，社会主义民主政治时代的行政文化则重科学、为民众、尚服务。东方行政文化中好的部分比如民本意识，责任意识，还有由此而建立起来的道德宽容、互助、奉献，都是好的方面。因此，兼收并蓄，建立符合中国特色的公共行政是我们的目标。我觉得，一个重要的观点是吸收人类文明成果，从而建立起高效、廉洁、便民的公共行政。我们要过一条河流，可以渡船、可以绕行也可以架桥，但是如何把好的方法结合起来，这是最重要的。时间关系，我不能讲得很深入。希望我今天的讲话能做一个小小的窗口，通过我这个窗口，引起你们的兴趣最好，更多地了解中国，更多的加深友谊，让我们更好地为民众服务，为未来的行政体制不断的完善、不断的进步做出贡献。谢谢！

提问部分：

1. 中国传统文化和经济发展的关系如何？

从大的方面讲，所有的现象都是文化的一种体现。但是现在也存在令我们忧虑的问题，在世界经济一体化的进程中，由经济主导的因素，导致很多传统文化，尤其是物质遗产和非物质遗产的消失，无论经济怎么发展，我们不能把自己的文化失掉了。更重要的是发展文化，推进传统文化的现代化进程，创造一种更有活力的新文化。

2. 我听说，很多中国人认为老百姓服从官员是天经地义的事情，您认为这个说法对吗？

我不知道你的这个问题是指古代还是现代？即便是古代也并非完全这样，传统文化有被误读的部分。比如《周易·序卦》所言：有天地，然后有万物；有万物，然后有男女；有男女，然后有夫妇；有夫妇，然后有父子；有父子，然后有君臣。按这个排序，君臣关系并不是"天经地义"。《孟子·滕文公》说的"五伦"用忠、孝、悌、忍、善为关系准则："使契为司徒，教以人伦：父子有亲，君臣有义，夫妇有别，长幼有序，朋友有信。"这些都没有定义为"天经地义"。

3. 孔子是中国古代的伟大人物，他说的儒者是中国古代做人的唯一标准吗？

孔子采取的是少数主义，对上，寄托"圣人"统治，对下，采取培养"君子"路线。

赐予人民以"仁爱"，再恢复"东周"。但孔子没有讲儒者是做人的唯一标准，他也强调要区分"君子儒"与"小人儒"。事实上孔子死后，"儒分为八"。荀子认为"有俗儒者，有雅儒者，有大儒者"，甚至认为只有形式而没有儒家精神的儒者。东汉末年应劭将儒者划分为"通儒"和"俗儒"。

4. 请您评价一下中国的公务员制度。

中国现行的公务员制度借鉴的是英国的文官制度，实际上，中国从隋唐朝时期就建立了官吏制度选拔和考核制度，在选拔和考核官员方面中国有传统的经验和资源，一个朝代的成功就是治吏的成功，但适应现代社会需求，尤其我们建立公务员制度以后，本身有一个不断完善的过程。我在机关工作了近三十年，我觉得公务员的管理越来越规范化，人情的东西很少了，很多机制互相制约，当然，并不是所有都尽善尽美的，比如效率的考核问题，是不是容易形式化，有一些绩效考核仅仅是为了考核去考核，这个问题是值得去思考和逐步解决的，这不仅仅是中国的问题，有一些欧洲国家的政府公务员的效率也非常低下。

（翻译：刘辉荣）

重识经典

与德国汉堡国家歌剧院团长 Josef Wendelin Schaefer 对话录

时间：2010 年 7 月

地点：大连

钢琴：Fausto di Benedetto

导演：Thomas Michael Günther

德国汉堡国家歌剧院《费加罗的婚礼》

《费加罗的婚礼》(Le Nozze di Figaro)创作背景：歌剧《费加罗的婚礼》根据法国启蒙运动时期喜剧作家皮埃尔·奥古斯丁·卡龙·博马舍的同名小说改编而成。博马舍共写过三部以西班牙为背景的喜剧，剧中的人物都相同。分别是《塞维利亚的理发师》、《费加罗的婚礼》和《有罪的母亲》，创作于 1732～1739 年。《费加罗的婚礼》(又名《狂欢的一天》)于 1778 年首演。作品暴露了贵族的腐朽堕落，同时也反映出强烈的反封建的色彩，富有时代气息，风格明快幽默，情节曲折生动，喜剧效果强烈，是作者最出色的代表作。而在这三部剧作中，沃尔夫冈·阿玛多伊斯·莫扎特选择了第二部，并于 1785 年 12 月到 1786 年 4 月间创作了歌剧《费加罗的婚礼》。1786 年 5 月 1 日《费加罗的婚礼》在维也纳国家歌剧院首次公演，30 岁的莫扎特亲自指挥。1824 年 5 月10 日，在纽约国家公园剧院，以英文歌词演出。莫扎特创作的四幕喜歌剧《费加罗的婚礼》以幽默讽刺的笔法反映了当时社会上"第三等级"地位的上升，歌颂了人民反封建斗争的胜利。创作歌剧《费加罗的婚礼》时的莫扎特也已从萨尔兹堡大主教的樊笼中解脱了出来，正焕发出前所未有的创作激情。莫扎特的歌剧保留了原作的戏剧宗旨，在作品中对伯爵妄图恢复农奴制的做法加以挞伐，表达了对自由思想的歌颂。

DIALOGUE

津子围：我们见面之前，我查了一下资料，知道汉堡国家歌剧院是最古老的歌剧院之一，也是德国最早的非宫廷剧场的歌剧院。汉堡是德国伟大作曲家门德尔松和勃拉姆斯诞生的地方，这里有着深厚的音乐传统和德国文化的根基。17 世纪初，德国的各大城市都有歌剧演出，但主要是上演意大利歌剧，只有汉堡一个地方例外，汉堡被认为是 17 世纪德国新的市民文化中心的城市，并且产生了德国的歌剧。

Josef Wendelin Schaefer：没想到您这么了解汉堡。谢谢您。

李　方(翻译)：是这样的，这次来参加演出的主要演员是汉堡国家剧团的演员，在过去的几年里他们有跟从台湾来的团体合作过，跟德国当地的团体也合作过。

津子围：以前来过大连吗？

Josef Wendelin Schaefer：第一次到大连来，也是第一次到

中国。但是,有的演员以前在中国演出过。正如您了解的一样,汉堡是一个很有名的港口城市,其实德国并不神秘。但对我来说,中国恰恰是神秘的,这里的人民的生活方式,对我来讲也很好奇,很新奇,在世界的另外一边对我来讲。

津子围:虽然在世界的另一边,但是我们对欧洲的经典的剧目还是有些了解的,这样说您可能不会介意,在歌剧方面,我们对你们了解,也许比你们对我们的了解还多。

Josef Wendelin Schaefer:(笑)会是这样的?您说得对,是这样的,我来中国之后,没想到那么多人喜欢欧洲的歌剧。

Fausto di Benedetto 女士:我很早就知道中国,在德国的话,像在柏林附近那个波斯坦(音)城里,两百多年前他们的国王的宫殿里就有中国的园林,有一个茶亭,非常漂亮,里头经常展示中国的东西,这个国王非常欣赏中国的艺术。

津子围:因为在我们国家里,大学中文系的学生都了解一些欧洲的歌剧。特别是学英美文学语言的学生和戏曲学院的学生,他们了解更多一些,甚至要读原著的台词。2009 年,中国的著名导演张艺谋执导了歌剧《图兰朵》,在中国国家体育馆上演鸟巢版时,两天演出吸引了近十万观众。一方面,《图兰朵》取材自中国历史传说故事,还在音乐中融汇了中国民歌

"茉莉花"的经典旋律，所以，在中国，观众的感受力一定是亲切的。这部歌剧在世界音乐史上的重要地位和影响很大，在中国很多有影响的音乐会或者大型晚会，《今夜无人入睡》等唱段都在不断演唱。除了《图兰朵》，很多的经典歌剧都可以在我们大连的音像书店里买到。

Josef Wendelin Schaefer：欧洲人的歌剧是把戏剧、音乐、诗歌、舞蹈和美术结合在一起，是一种综合艺术，起源于十六世纪末的意大利。欧洲传统歌剧分为：正歌剧、意大利喜歌剧、法国音歌剧和法国大歌剧等等。欧洲的歌剧有着重要的传统，17 世纪是巴洛克时期，也是欧洲历史上最了不起、最为活跃的时期，那个时期其实是从文艺复兴向启蒙主义运动过渡。以《达芙尼》为标志，歌剧在意大利诞生。但是到了 1607 年，第一部真正意义的歌剧《奥菲欧》才诞生。18 世纪受启蒙运动思想家提倡的"自由、平等、博爱"的影响，一些艺术家开始对反映神话为主的正歌剧进行改革，我要强调的是，莫扎特的歌剧代表了 18 世纪启蒙运动的思想和感情，题材开始走向现实。《费加罗的婚礼》、《唐璜》等等，当然，莫扎特也是歌剧那个时期的产物。

津子围：中国戏曲产生也很早，只是走了另一条路线。中国最早的舞剧是葛天氏的《吕氏春秋·古乐篇》，也是一种集音乐、舞蹈、器乐为一体的综合艺术。到了唐代，出现了小型歌舞剧、说白等剧种，且出现了剧作家。所以也有人认为中国的戏曲发端于唐朝。兴盛是元代，到了元代，戏曲繁荣起来了。

Josef Wendelin Schaefer：我对中国的戏剧不了解，只知道京剧。从音乐的风格来讲，当然中西的差别很大，莫扎特的音乐跟比如说中国京剧的音乐有很大的不同。通过和中国方面这几天的合作，我感觉到西方的音乐，像莫扎特的音乐在这边大家很喜欢，可是从感觉上可能还没有办法像西方人一样整天听这些东西，像我们跟乐团合作的时候可以感觉到他们对莫扎特的了解，各方面可能还不像在欧洲一样。我作为一个歌唱者，如果叫我来唱京剧我肯定也是没有办法理解里面的内涵，也很困难。

津子围：中国的戏曲和欧洲的歌剧有很大的差别。在我看来，中国戏曲注重写意，而欧洲的歌剧注重写实。当然，这只是其中的一种划分。不过这样说会形象一些。其实，各个民族的文化渊源都与自己的艺术观念息息相关。中国人认为："凡音之起，有心生也，人心之动，物使之然"（《乐记》）。所以，中国人强调的是"以我观物"的美学原则。而西方则强调"以物现我"。所以有人说，中国戏曲"写意"求美，欧洲歌剧"写实"求真。具体来说，中国古代戏剧是以"形神兼备"的诗话、写意的特色为特征的，也可以称为"表现派"，因为中国古代美学思想的一个突出特点是"和"，"和"是中庸，根植于中国哲学中的阴阳学说，讲究天人合一，所以中国戏曲呈现出"含蓄"和"整体化"的风格。西方戏剧以"模仿自然"的客观真实为基础，有人概括为"再现派"。在表现上，中国戏曲以曲唱戏，通过唱戏来说内容，欧洲的歌剧则以歌唱剧，用美声歌唱来倾诉感情。在表现上，中国民族演唱中的音色受音韵的制约程度较大，形成"字重于声"的音色，"字韵纯正"为重，从肯定五正声，否定变宫、变徵，音乐节奏迟缓，音调平直，技巧简洁，情味清淡，到京剧的唱腔一唱三叹，唱、念、做、打和手、眼、身、法、步的结合，使中国戏曲不仅追求形似而且追求神似。中国形成了情节剧和以演员表演为中心的模式。美声演唱则形成"声重于字"的音色，以"声音优美"为重。音乐始终处于中心的地位，作曲家起着标志性的作用。在舞台上，东西方存在写意和写实风格上的区别。欧洲歌剧的舞台上，一幕、一景、一场就是一个特定的时空。舞台布景装置、道具服装、灯光照明都运用最新的科技手段，以追求舞台效果的逼真。中国戏曲的舞台上一般无布景，道具简单。时空可以灵活变换，演员的一个上下场，便可上下千年、纵横百里。这种高度的简约，好比中国画的"留白"，留给观众无限的想象空间，这是中

《程砚秋赴欧考察戏曲音乐报告书》：欧洲人唱戏以洪亮及声浪波动之次数最多为归宿，以肺使力，中国人唱戏则非提足中气不可；欧洲人唱戏，使力既在上部，则其音韵宽敞，而近于浮。中国人唱戏，使力既在小腹，则音韵较狭而濒于结实。欧洲人唱戏，分老幼男女之种嗓音；中国人有生旦净末丑之不同，则中外一辙，初无二致也。

休谟：人只不过是各种感觉的集合体，一个接一个的感觉，无尽地涌流，不停地运动。

国人民族性的体现。

Josef Wendelin Schaefer：在这方面，我们没有做很多的研究，不过您说的很专业，很具体。我们演出的《费加罗的婚礼》您也一定是了解的。

津子围：大概情节是知道的。在一个伯爵家里，男仆费加罗很正直也很聪明，就在他与美丽的女仆苏珊娜结婚之前，好色的伯爵居然想实现他假惺惺地曾经宣布要放弃的对奴仆婚姻的"初夜权"，所以千方百计阻止他们的婚事。为了伯爵，费加罗、苏珊娜联合伯爵夫人设下了巧妙的圈套来捉弄伯爵。苏珊娜用假情书约伯爵在夜晚约会，伯爵上当如期前往。突然灯火齐明，他怀抱中的女子竟是伯爵夫人……聪明的费加罗大获全胜，顺利地与苏珊娜举行了婚礼。除了情节之外，重要的是音乐，轻松的风格、欢快的节奏，每年在大连举办的新春音乐会上，交响乐《费加罗的婚礼》序曲是传统曲目之一，都会在节目单里。

Josef Wendelin Schaefer：很好，那今天晚上，您也可以看到我的表演。

津子围：您也参加演出？

DIALOGUE

Josef Wendelin Schaefer：是的，我唱男低音，演那个安东尼奥伯爵府第的园丁，苏珊娜的舅舅，巴巴丽娜的父亲，是一个很诙谐的角色，在这出戏里面这个花匠是一个喝得醉醺醺的人。

津子围：一定值得期待。这次到大连来，汉堡的乐团到中国来传播欧洲的传统歌剧，您会有文化交流使者的感觉吧？

Josef Wendelin Schaefer：我认为这是我们的使命，我也很愿意做这一件事。

Fausto di Benedetto 女士：现在中国和欧洲的交流很多，中国有很多年轻人到欧洲去留学，他们学习歌唱，学习乐器，我们这次有一个很好的例子，就在我们的乐团里，有一位是在德国留学过的，他是一个小提琴手。

津子围：对待这次演出，我觉得你们已经准备得很好，很有信心的样子。

Josef Wendelin Schaefer：我还不太了解这里的观众对欧洲的这种歌剧有多少了解，原来没有概念，今天晚上就是一个很好的机会，当然这个歌剧很长，三个半小时，要看看观众有什么样的反应，有的地方也可以砍掉，短一点，但是这样整个故事就不完整了，音乐也不完整。也许这个对大连的观众来讲是一个挑战，这么长的歌剧。

津子围：这就是经典和我们日常经验的距离，不光中国，在欧洲是不是也存在这样的问题？当然，经典与经典产生的背景有关，西方人对歌剧的欣赏是有丰厚传统的，1991年我去欧洲，在巴黎歌剧院看到，预订票已经到了第二年了。经典的强大对手是世俗，世俗化运动导致了对经典极不公正的评价，认为时间前进社会就一定是进步的，其实不然。

Josef Wendelin Schaefer：是的，所以西方近代的大思想家，总是要把自己的思想追溯到经典的世界里去。

津子围：实际上，随着中国的经济发展，人民解决了温饱之后，越来越多的人开始追求精神生活，并一步步走进经典。尽管有的西方歌剧到了中国会有点水土不服，这很正常，需要进入的方式，还有就是时间。若想融入"经典"，不经多年磨炼，几无可能。我们看到了希望。

Josef Wendelin Schaefer：希望中国在经济更加发达以后，能够促进文化的发展，就是经济发展起来要去促进文化，因为文化是需要经济在后面做支撑的。

（翻译：李方）

卡尔维诺：经典是这样一些书，我们越是道听途说，以为我们读懂了，当我们实际读它们，我们就越觉得它们独特、意想不到和新颖。

DIALOGUE

面对面:存疑·求同

与 90 后作家王一对话录

时间:1998 年 1 月

地点:大连

王一简介

王一，北京语言大学大一学生，辽宁省作家协会会员，著有文学作品集《青苹果是主语》。公开发表作品如新华社《半月谈》的《还给我们那些"飞走"的体育课》，《辽宁日报》的《天籁》，《大连日报》的《青苔般的文字》等40余万字。作品《哭墙不哭》获第十届"语文报杯"全国中学生作文省级一等奖。

津子围：每一代作家经历不同，责任也不一样，我觉得对90后的孩子们也是有一些误解的，他们实际上也是有责任的。一代作家有一代作家的责任，我觉得这个不一定要求一样。对于90后的作家，可能再过10年、20年，他们会成为这个社会的主流的作家，成为一个主流群体了。他们要有自己的声音，他们的声音可能就会成为那个时候的文化状态。

王 一：从个人角度来看，我同意您说的"每一代作家有每一代作家的责任"。因为文学和中国五千年的文化史相关。历史，它是从古到今一点一点发展到现在的。不管是哪一部分都是不可或缺的。而文学，也是跟随着历史发展而来的，毕竟，从人存在的那一刻起，就有了思想，有了思想，就会记录下来，无论这思想是多么的琐碎或者在现在看来多么不值得一提。哪怕是刚刚开始的原始时代，人也会用新创作的文字来记录所感所想，或者是生活经验，这些，在我看来，其实就是一种形式的文学起源。所以说，历史与文学是不可分割的。自然，每一代的人，就带着这个历史时期的气息，承担着这个历史时期的责任。我认为不管哪一代的文学家，不同的时代，想法就是不一样的。而您刚才提到对我们这代孩子的误解，我觉得是可以理解的。因为毕竟我们和你们所生长的环境不一样，进而写出来的所感所想，对社会的认知，都跟你们不一样。在我看来，一旦人生活的环境不一样，他思考的东西可能就是不一样的。但是，我们这个年代的孩子还是有很多东西需要向你们学习，就是那种思想性的东西。如果你在街头路边，或者书店，随意翻开一本我们这个年代孩子写的书，可能多数会发现是关于爱情和各种小资的生活的东西。但是，这个只能反映社会的现象,并不能反映出思想。我们这一代孩子写东西稍微还是有点通俗那种。而你们这一代承接了上一代的思想,有你们这个时代的特色,延续下来了。我觉得我们只有多看看你们的文章,多了解你们那个时代人的想法,才能承接你们这一代,不会出现一个断层。我认为中国文学史,近代文学或者现代文学还是很重要的。我们这些孩子,受社会环境影响,由于出生和成长的环境都比较安逸,所以才会造成这样两代间有误解的结果。但是我要说的是,在两代之间的误解中,我记得曾经有文章指出我们这代孩子缺乏责任感,将无法带领中国继续很好的走下去,这点我想说,我们这些孩子还是很爱国很有责任感的。像汶川地震的时候,不是有很多80、90后的孩子都去参加了吗?还有奥运会,"北语"(北京语言大学)就有很多同学当志愿者,他们回来也写了很多文章还拍了很多感人的照片,在"北语"的校报上发表了,看完以后都非常感动。这就是我们在用自己的方式来表达爱国感。所以,我们这些孩子也是很有历史使命感的。

津子围:我觉得我的思想还是比较开放的,可与90后还是有些"隔",比如我儿子吧,有的时候,我觉得他跟我是不同的。我就觉得很难走进他的内心世界。他比较喜欢日韩的漫画,我却觉得这个很可怕。他不读书,他就看日韩的漫画,然后网上建立各种联系,反正都在网上。我觉得这些孩子的联系很奇怪,他们有各种办法联系。他是很奇怪的,因为他没有手机,他跟别人的联系从来没有耽误过,不知道用什么方法。你不知道他在想什么,而且他好像价值观和我们也不太一样。我问他的人生理想,他说不想以后的事,就想眼前的事。像我们小时候,想当将军啊,当科学家啊,都有一些志向。比如我小时候想当作家,后来我就按这个路线走。我问我儿子你以后想做什么?他说没想过。我问他现在想什么,他说我就想眼前先上大学。这就不一样,这就是差别。

王　一:我觉得这可能就是我所说的,时代不一样,人的思想就会不一样。如果您觉得实在不可理解,不妨换个角度想一下。比如说我吧,小时候我爸爸就问我考什么大学,我也不知道,因为我认为如果我不走到高二,高三这一步,也没办法选择的。有时候计划没有变化快,你想的多,不一定能做成,很多变故在里面。我觉得先得做好眼前的。但是这并不表示人生就没有目标了,也要给自己设计一个目标,确定一个发展方向,但不一定特别具体。当代的孩子,可能有一部分人跟我想的是一样的。记得我们高二的时候,就有一个同学想考复旦大学,并且参加了夏令营,又做了很多的调查,但是后来却考到辽宁大学了,心理反差特别大,给自己造成不必要的难过。所以我想,这也许就是您儿子的想法。至于看漫画,其实并不一定是坏事,当代的漫画产业已经发展的很迅速,并且可以作为重要产业。漫画已经不仅仅是人们放松的娱乐工具,如果他真的对漫画感兴趣,其实说不定也是可以打开一片新天地的。还有他联络朋友的问题,时代不一样了,网络在好好利用的前提下是可以发挥很大作用的,况且如果可以通过网络认识更多层面的人也不失为一件好事。在这些方面,您可以放心,我们这代孩子,也许在您的眼里,贪玩了点,但绝对还是有责任感的。如果您想多了解您的儿子,不妨多跟他聊聊,或者一起玩游戏,其实我们这一代对父母没有那么大的抵触情绪,思想还是挺简单的。

津子围:我读过你的《谁喝了偶的孟婆汤》,印象很深。

王　一:呵呵,我的那篇文章是不是有点幼稚了?

津子围:不是,我很欣赏。我觉得你写得很轻松。比如像我们这一批作家,我觉得身上总有一些自觉不自觉难以摆脱的东西,好像有一种包袱。但是我觉得你身上恰恰没有包袱,显得轻松。《谁喝了偶的孟婆汤》是关注"死"这个问题,如果让我来写,面对这个问题的时候,我首先会进入到哲学这个层面,什么终极追问,人文关怀,肯定会想这些。我觉得这是个很重大的问题。但在你的小说里,很容易就跨越了。死亡这个问题在你那里很轻松,就像睡了一场觉,做了一场梦,进行一场游戏一样,我们这一代作家很难做到。还有,我很喜欢你

孟婆汤是传说中一种喝了可以忘记所有烦恼、所有爱恨情仇的东西,它被端在奈何桥前的孟婆手里。一条路叫黄泉路,有一条河叫忘川,河上有一座桥叫奈何桥,走过奈何桥有一个土台叫望乡台,望乡台边有个老妇人在卖孟婆汤,忘川边有一块石头叫三生石,三生石记载着一个逝者的前世今生,孟婆汤则让逝者忘了一切,走过奈何桥就没有回头路。

DIALOGUE

在面对"死亡"时的快乐态度,是快乐不是恐惧和痛苦,这个很了不起。年轻的女孩成了新的孟婆,按你的心情去改变观念里又老又丑的孟婆印象,还按心情制作新的孟婆汤,这些都很精彩。

王 一：谢谢。其实我觉得可能由于我生活的环境比较轻松,看什么都不觉得特别沉重,所以写这个东西的时候以轻松的形式来写。毕竟,我们这代没有经历你们这代所有的痛苦,比如饥荒。从我们出生起,就一直被父母宠爱着,衣食无忧,所以快乐的心态也得以养成。同时,我觉得我属于比较阳光的那种人,所以可以写出比较轻松的东西。我一般写东西比较纪实,比如我看到的一些,我感到的一些,大部分是感情一类。记录这些特别有意思,特别有爱的事儿,我总是写这种的偏多。其实我也很羡慕能写出你们那样有深度的文章来。我父亲就常常说我的文章太幼稚肤浅,我想,我应该多看看你们那个年代的文章,多挖掘生活中的哲学。

津子围：我注意到,你文字当中有比较时尚的东西,可能年轻人都追求时尚,语言当中也运用了一些网络化的语言,什么什么控,什么什么碎的以及一些在我看来是乱码和符号,也就是我们这代人头痛的"火星文"。还有,周星驰那种无厘头的语言方式,对你们影响很大,你们的那种幽默好像带一点周星驰那种。比如,给个理由,先!

王 一：（笑）其实我们并没有拿这些"时尚"当作一个很重要的东西,就是觉得很有意思,毕竟年轻人吸收这些东西还是比较快的,于是可能下次我就用了,没想那么多。那种网络语言很适用,我还教我妈妈挺多,现在我妈妈给我发短信也带那样的小符号。我觉得没有什么不好。像那个符号,打一个小脸笑那种,这个就挺好的。因为你发短信,别人看不到你的表情,如果打了表情符号,你的短信就是带着心情的了。

津子围：读我们的书,你们会觉得很累,很不轻松啊?

王 一：有的时候会觉得。

火星文由符号、繁体字、日文、韩文、冷僻字或汉字拆分后的部分等非正规化文字符号组合而成。乍看像是乱码或打错的字,从字面上根本无法了解。其实,"火星文"曾作为一种游戏用语在泡泡堂流行,接着又通过 QQ 资料及聊天快速散播,成为许多 90 后年轻人的共用语言。

津子围：是我们的叙事方式？

王　一：也不全是。之所以觉得有点不那么轻松，是因为我觉得你们写的可能有哲学的因素，或者反映一种比较沉重的社会现象或原因，时代不一样，理解起来稍微有一点困难。

津子围：你注重真实，但是真实不一定都好，你们喜欢真实，生活中有质感的，可以触摸的，还是你们选择你们喜欢的？

王　一：两者择其优吧。我记得现在有一本书，叫做《全世爱》，非常真实地记录两个人的对话，但是觉得有特别清新的感觉，可能就比较喜欢。还有的时候，就是像《哈利·波特》那种，也是特别喜欢。不管是哪种，只要感觉上引起共鸣了，就喜欢。现在的孩子还是挺简单的。

津子围：你们这一代对物质生活是不是很看重的？

王　一：我觉得这个问题可以用一句非常古老但是家喻户晓的句子来形容——"钱不是万能的，但是没有钱是万万不能的！"比如说我吧，我的人生定位是这样的，我这一辈子，不奢望位置特别高，有大权，有大钱那种，我觉得那样并不快乐。而且人嘛，都是有嫉妒心的，如果你要站的那么高，觉得肯定

智商和思考之间的关系就像汽车和司机的关系，汽车的马力和引擎代表了汽车的潜能，但是汽车奔驰时的表现却依赖于司机的技术。一辆功能卓越的汽车完全有可能被驾驶得很糟糕，而一辆普遍平常的汽车也完全有可能被驾驶得非常出色。——英·爱德华·德·博诺《我对你错》

有很多人嫉妒你,有很多人想要跟你竞争,我觉得那样活着就不快乐。但是要像有些人非常累的那种,辛辛苦苦一个月还吃不上饭,这样也不行,我觉得就是社会的中层偏上的那个位置。比如我想吃一个什么,就能买得起,生活不用特别拮据,但是有时候觉得这个东西太贵了,就节俭一下,觉得这种生活就非常好了。

津子围:一代人不能替另一代人活人生,比如我儿子,我也不可能陪伴他一生,我肯定要先离开这个世界,所以这个很正常。但是有差异,90年代的写作者和60年代的写作者,这种差异非常大。比如你刚才谈的时候,我就感觉到,我们那个时代跟你们的想法不一样,不是说我们那个时代好。我发现我儿子也有这个特点,90后这些孩子,最大特点就是自我保护能力很强,在大人看来他们没有责任感,像刚才你说的不要让别人嫉妒啊,保护意识很强。我们那个时候就不想结果,我们就是义无反顾地做,我们那个年代属于这样的。你做什么事情就带头做,他们想得比较多,就是自我保护,我儿子,你看我举一个例子。我说你将来啊,你看爸爸如果在全世界任何一个角落里,我都可以活得很好,我说我到哪个国家,可能语言不通,我没有工作,我打工比别人打得好。为什么呢?我说我进去之后我什么也不说,不跟老板谈工钱多少,我进去就刷盘子,而且我刷得保证比别人好,这样老板就找我谈了,问我要多少钱,我说你看着给吧。他的想法跟我不一样,当时,他没有说话,因为在他看来,这个假定的问题是不需要费脑筋去寻找答案的。也许他这样做,原本就是对的。

王　一:是啊,我也看过一些电影,读过一些历史关于你们那个年代的书,刚开始我很不理解,为什么你们可以一股劲地做事而不图结果。后来细细想想,也许就是因为那时大家比较团结,一起经历了战争,经历了饥荒,所以人与人之间的关系都格外亲切,就是那句"患难见真情"吧,而且刚刚开始新国家的建设,才能那么热情和无私。但是对于生在这样优越环境下的我们这一代,由于都是独生子女,要求的就多了,而且有点受不起伤害,再加之可能看到过或者听到过一些社会上钩心斗角的事情,自我防范意识就高了。不过,像您刚才说的"刷盘子",我觉得如果真的把我们也放到社会上摸爬滚打,吃了很多苦以后,我们也能创造出美好的未来。我们这代孩子,最终会长大的!

津子围: 写作本身对你来说是快乐的?

王　一: 对,特别快乐。小时候刚开始老师让写的时候,也觉得是任务,当作每天必须交的作业,很不情愿。可能后来渐渐的看到老师读后留下的评语,你会发现原来人与人之间可以用比说话更加美妙的方式来沟通,就写的越来越多,所以就越来越喜欢。并且,其实观察生活,观察人,然后记录下来,也是一件很有意思的事情。我还很喜欢翻看自己以前写的文章,都是自己成长时期的足迹。也许现在看来有些幼稚可笑,但毕竟是一个人成长的痕迹。记载着喜怒哀乐,记载着存在于这个世界的证据。写东西的时候,就会觉得心情特别好,长时间不写,就感觉手痒了。关于写作,您能给我一些意见吗?

津子围: 如果你特别喜欢文学,想做出一些成绩的话,建议你还是把标杆设得高一些。人有的时候是这样的,欲求 10 分得 8 分,如果标杆放的比较低,欲求 6 分的时候可能就得 4 分。所以,我建议你把目光放在国际视野上,古今中外,在这里面学到最好的东西。这样,你写的东西、理解的高度就不一样了。比如像很多真正成为大家的,最终是精神上的突破,而不是文学形式上突破。形式上突破很重要,就是怎么写比写什么重要,前一段时间有这么一些说法。但是你要是从漫长的历史阶段来看,形式上当然是很重要,但最终还是精神上的突破。比如我比较喜欢奥尼尔的作品。就是写作一定要离开地面,要有精神空间。刚才讲了要有精神高度,精神自我照亮和照亮他人的程度,无论宗教、哲学、艺术都有相通的点,这个精神高度决定一个作家的寿命,在文学史上的寿命。

第二,我觉得一定要注重中国传统文化,现在这个传统文化经过五四运动以后出现了一个震荡,有些矫枉过正,因为那个时候,1840 年鸦片战争之后,把古老的文明古国给震醒了,或者说把家园打碎了,在这种情况下,一些有良知的知识分子,他们急于自立自强,急于使这个民族立足于世界民族之林。当然这种使命感是值得我们尊敬的,但是文化这种脉络不能断档,如果文脉断档以后,就会出现一些问题。就是你这个民族软实力在什么地方,究竟是什么东西让人尊重。说到底还是文化,文化是一个基础。有的阿拉伯国家人均收入很高,但是它还不是强国。其中有一个原因就和文化有关。但是中国传统文化有现代化的问题,怎么样和现代文化结合,然后产生新的文化,这个过程是需要一代又一代文化人去共同奋斗,作家是其中的体现。文化是人类所有活动的痕迹化,或者说记录化。那是泛文化,国内很多泛文化现象,讲茶文化,什么酒文化,什么都挂上文化的标签。但是在欧洲人看来,他觉得作家、艺术家,才是文化人。他是另一种概念的,另一种划分的方式。但是我觉得文学和艺术恰恰是文化当中的领先者,是最具有创造性,最具有感知性,最具有精神活力的这么一部分。我个人有一个体会,文化大革命之后,那种背景下讲政治和阶级斗争,讲儒法斗争。改革开放窗户打开以后,整个西方的一个世纪甚至多个世纪的文明都进来了。比如法布尔,30 年代就有作品,但是我们到 90 年代才读到,像阿隆,最近我读一本书,叫《知识分子鸦片》,也是半个世纪以后才读到,其实半个世纪之前,他已经成为法国的"精神之父",当初我们没有读到。有的书恰恰是一起进来的,近现代和后现代都一起进来,当时他发展是不同的阶段,它有一个完整的链条。但是我们的链条是断开的,是一下子进来的,包括我们的评论家都搞不清楚,有的时候都混淆,把现代划到后现代,把后现代划到现代,这个也不怨他们,因为这个时代就是这么一个情况。时代所给予我们的东西,无论是什么时候,无论是什么方式给我们的,就像父母给你生命都是值得尊重的。

我也经历过西方化的阶段,差不多 10 年间,大量的阅读西方哲学、文学,那个时候的写作都趋向于先锋啊,探索啊,甚至于语言写的像翻译小说似的。后来我发现不对,因为这不是

法布尔(1823—1915)出生在法国南部的农民家庭。童年,他在农村度过,从小就对乡间的花草和虫鸟非常感兴趣。由于家中贫困,他连中学也没有读完。但是通过勤奋自学,先后取得了教学士学位、物理学学士学位、自然科学学士学位和自然科学博士学位。这位穿着农民的粗呢子外套,吃着粗茶淡饭的法布尔,不知疲倦地从事独具特色的昆虫学研究,终于撰写出 10 卷本科学巨著——《昆虫记》。

我们的根,而且西方文化矛盾的地方也很多,它的优点很多,但是它的矛盾也很多。并且我觉得西方哲学,它这种线性的方式,它不是人类的未来,而中国的文化恰恰是属于超前发育的文化,东方讲天人合一,西方讲物竞天择。东方讲通几,西方讲质测,按照西方的发展逻辑,人类只能拼搏下去,将来就灭亡,因为不停地竞争,你生产 500 个原子弹,我生产 600 个,地球能经得起那么多原子弹吗?这种不停地竞争,没有出路。所以回过头来,我个人感觉是一个精神家园回归的过程。恰恰是对西方文化了解之后又往回走了,走向回家的路了。以西方文化为中心的时候,它的扩张是伴随着它的殖民扩张进行的,伴随着经济的发展进行的,比如日韩文化的影响,因为它跟经济有关系。现在我们看,现在中国经济高度发展,中国文化的影响力在润物无声,越来越明显。你作为汉语言写作的时候,你会觉得骄傲的,有两个原因,第一个原因就是中国传统文化有取之不尽,用之不竭的资源,而且它有天然的高度,这种高度是西方无法企及的。

第三,中国在这种、尤其是金融风暴的背景下,虽然我们不是一枝独秀,然而我们还是有活力、有潜力的,这样的情况下,中国的文化随经济的影响而不断扩展。就是国家的影响力决定文化的影响力。你是汉语言写作的作家,当你去写哈利·波特,你不会有前途的。你只能写中国特色的东西,鲁迅说越是民族的,越是世界的,当然这个话也要看民族的什么东西,不是光表现民俗,风土人情,服饰啊,比如女人的小脚,大烟袋了,不是那些东西,实际是民族精神的内核,这个内核是需要发掘的,发掘出来的内核恰恰就是最强大的武器。你看拉美文化,我仔细地研究过整个拉美文化,按照他们的经济环境,在 60 年代拉美成为世界的前几位? 30、40 年代不行,50 年代也不行,但是恰恰是 40、50 年代是培育拉美文化的一个阶段。中国这些年的文学现象有点像拉美文学那个时期,后来拉美文学出了一大批世界顶尖级的作家博尔赫斯,马尔克斯、巴尔加斯、略萨等等。这个跟西班牙和葡萄牙作为宗主国,移民文化有关系,有基督教的那种传承。更重要的是那个时期,

DIALOGUE

拉美独立运动之后,处于一个新的复苏期,一个各种思潮的碰撞期,一个文化的积攒期。这个时候各种流派出现了,你那么写,我可以这么写,当时没有人承认博尔赫斯是作家,因为他在图书馆里,他不接触现实生活,他跟现实生活有距离,他在图书馆里虚构,而且写得非常诡秘,他独创一种文体,他就是作家当中的作家,大家都觉得他高不可及。马尔克斯的魔幻现实主义,他糅杂了东方和西方的各种文化。

　　我觉得我们这一代作家,也可能作为阶梯,大师是你们甚至你们之后的作家中产生,但是这个阶梯是必须的,就像有的作家写作,偶尔写一篇东西不错,但是后来你会发现他沉寂好几年不写东西了。什么原因呢?就是才气可以把你送到一个台阶上,但跨越的台阶还要走,偷懒偷不了,这些台阶还要补上。从作家一个梯队来讲,也是这样,总要有人走台阶。最后会有一些作家成为大作家,成为好作家,成为可以走向世界的作家。这批作家一定是要站在前辈作家的台阶的基础上,空中楼阁是建不起来的,建起来也是海市蜃楼,也是虚幻的。所以如果想在国际上有作为,就刚才我说的第二个建议,就是一定要打中国文化这张牌。这个不是形式上的东西,要打它的内核,这个内核是什么,就需要努力发掘。我觉得这几个因素是很重要的。那么创作的过程中,写作的过程中,是一个很艰苦的过程,没有一个捷径,没有什么灵丹妙药。写作是一个实践的过程。就像足球运动,其实足球是很简单的运动,不用5分钟就可以讲清楚。你把这个球踢到那个大门里就赢了,但是你知道踢到那个大门多难,郝海东一个球进去了,可那一个动作不简单啊,同样的一个动作在漫长的几十年的过程中,可能就这一个动作做了上万次,所以写作也是一个实践的活动。

　　最后,就像我开头跟你交流的那个观点,关于怎样表达的问题,你觉得是最好的表达,最适合你的表达,而不是公众评价你好坏,比如这个衣服很漂亮,但是穿在你身上不是很好,这个颜色可能适合他,但不一定适合你。海德格尔说:"语言是存在的家"。最适合的表达很重要。刚才我谈到,精神的高度你有了,你又有适合的表达,你就可能会成为一个好的作家,成为一个非常优秀的作家,成为令人敬佩的作家。我有这样的体会,我看到一个小说,觉得这个小说不错,我就想如果我写会怎么样,如果我觉得我写不会比这个差,那我就不会敬佩他,如果我发现这个小说我写不了,我的敬佩就会油然而生。

王　一:主要是我的文化底子还比较薄,我对中国的文化了解还不是很多。可能是因为中国的应试教育让我们喘不过气来,没有时间看这些作品,有时间我还是一定要看一看的!

津子围:中国传统文化当中,实际上匠文化没有对它产生影响,它始终是和现实生活有距离的,比如中医,比如厨艺,比如木匠……这个跟日本不一样,日本存在一个匠文化,就是模仿。我们这种文化是什么呢? 就是往大师方向培养,但是恰恰又缺乏培养大师的机制,因为总是传男不传女,总是教会徒弟饿死师傅。这样的东西始终是制约的,但是现在我觉得有一些现象,就是山寨现象,克隆现象,这种现象挺严重的。有很多人对此担忧,我倒觉得没那么严重,日本长期就有这样的匠文化现象。我们现在没有进入这个时代,这个不影响产生大师。

我说的意思是什么呢? 这个就看你个人的心情,如果你认为文学只是你生活中的调味品,为了生活快乐,我有一个爱好,有爱好总比没爱好好。机关里好多人退休以后突然不适应,可能问题就出来了。哪怕有一个爱好,我觉得有爱好总比没有好。文学作为一个爱好也挺好，可以丰富你的精神生活，甚至提升你的人生品位。

如果你要是把它当作事业，我觉得就应该有个志向，就是要留下点什么，古人讲立德、立言、立功，立功是军人的事情，立言也是大德，你的文字几十年以后还被别人读，被别人流传，这也是一个大德。

王　一： 谢谢您的指点。

津子围： 是不是有点教导性的口吻了？这样你们不会喜欢的，其实，我说了半天，仅仅是建议而已，按我们那代人习惯的话语方式说：仅供参考吧！

DIALOGUE

文学的光亮

与韩国忠北市作家代表团对话录

时间：2008 年 11 月 2 日

地点：大连

参加座谈人员：

中方：大连市作家协会主席素素女士

韩方：韩国忠北作协会长金升焕先生

韩国忠北作协前会长权熙敦先生

韩国小说家金惠英女士

韩国诗人许章茂先生等。

津子围：金会长，因为你们明天要走，所以说我们的相聚是个非常难得的机会。尽管我们拥有不同的国籍、生活在不同的地方，但我们都是写作的人，这样身份，使得我们能够非常亲近的坐在一起，探讨共同感兴趣的话题。在此之前，我们并没有对讨论的话题明确一个主题，但是我觉得，作家本身感兴趣的东西应该有相近点的。是不是这样？

金升焕：首先对你们提供这么好的场合，并提供这么好的茶道表示感谢。本来，这次到中国大连来访问，日程是事先安排好的，不过，津先生提出要搞一个讨论，我们非常高兴，很多人没有参加下午的参观活动，都是对这个对话感兴趣。

津子围：是这样的，今天我们讲中国、韩国包括日本这些东亚国家，其实，我们是一个文化母体。我们有共同的文化基因、文化气质，或者说存在过一个大的文化背景，这样，面对历史和未来，就存在一个判断和选择的问题。判断是基于对已有文化的判断，选择是基于当下时空坐标下做出的选择。实际上，我们也十分关注东亚写作，比如韩国、日本等等。就中国和韩国来说，大家可能会关注一个问题，就是今天讲到的后殖民地和后殖民文化的问题。我个人的判断不一定准确，但是整体感觉是，东方文化和西方文化是不同的文化源——发源地和发展圆心是不同的。我想问的是，东方的传统文化在韩国作家心目中是一个什么位置？

金升焕：一般韩国作家对韩国自身民族问题也给予很多关注，因为朝鲜半岛半壁江山是分开的。韩国作家对 4000 年流传下来的朝鲜半岛文化还有亚细亚文化这个根他们是摆脱不了的。亚细亚文化是以汉字为中心的一种文化，但是在亚细亚文化里面，韩国、蒙古还有东南亚各国，它们都有各自的特点。应该说有两条线：一条是中国的以汉字为中心的一条线，另一条是各国各自的一条线。韩国经历了反殖民地斗争的过程，这对韩国的文学艺术具有很大的影响。通过反日本殖民地这种战争，韩国的文学在当时经历了非常动荡的年代。基于上述的因素，韩国的文化有着以汉字文化为基础的文化圈,还有一个本民族的文化圈,又有一个西方文化影响的文化圈,就有了三个圈。目前韩国的作家对文学的整体性想法不一样,带有很大的分歧。韩国人到底是谁呢?韩国的文化是什么呢?在过去的 4000 年里面,唯独以中国文化为中心,用中国文化的世界观。对于文化的内本和外本,在韩国立场来看,中华观是内本。日本是外夷,是基于外本。因此在一些韩国作家那里,一种是韩国文化观,一种是中国文化观,在过去都曾有的。那么我到底是谁呢?我自己也分不清我自己到底是谁。唯独另一个存在将证明我自己,我的存在并不等于他者的存在,通过他者对于我的认定,对于我的证明才能证明我的存在。因为韩国的文化只有中国文化的引导,没有他者的存在是不行的,所以另一个他国的影响对韩国人精神等方面产生了很大的冲击。韩国人传统上尊重中国人,而蔑视日本人。尊重中国当然是正确的,但蔑视日本是不对的。现在不但是美国,法国、德国等等国家也开始登场,所以说有更多他国的出现。韩国文学艺术受到美国西洋文化的影响之后,给我们原来的——中国文化以及韩国固有的文化带来了很大的混乱。所以,我刚才说的三个圈的文化,存在着历史性和混杂性。因此我们认为韩国的文化、中国文化、俄罗斯文化、美国的文化还有东南亚的文化应该说都是很重要的,为了它的整体性,韩国人会做出不懈的努力。

津子围: 我不知道您说的整体性是不是指全球化时代寻找的新的民族文化内涵。其实,中国改革开放之后,对西方文化的借鉴也是十分积极的,甚至是十分主动的。我个人的体会来说,了解和借鉴是必要的,但不是目的,目的是建立起本民族的优秀文化。过去我们常讲一句话:我们有权利使用人类共同的文明成果。只要是好的东西,我们都可以学习和借鉴。这一点上,韩国作家也有类似的经验。我记得韩国的一篇小说,印象特别深刻,只是没有记住名字。它是讲几个退伍老兵,在一个风景优美的地方居住,总有年轻人到那个地方去跳山崖自杀。这些老兵因为收拾这些年轻人的尸体而获得利益。其中领头的人非常贪婪,而他获得利益的目的是为了寻找在战争中失踪的儿子。后来他的儿子也来自杀了，开始他俩不认识，儿子就住在他的店里，他想办法鼓励并创造条件让那个年轻人——他的儿子去跳山崖，我当时觉得特别受冲击，显然这部作品是刚才金会长讲的受西方影响比较重的一类。我们的困惑在于，我们按照西方的路子走下去，我们可以接近于它，但我们不能写出最一流的作品，因为我们的文化母体不是西方的文化母体，我们只能是他们文化观的追随者或者说验证者，并不是创造者。从实践来说，1980年代，中国作家读了大量西方作家的作品，比如卡夫卡、纳布科夫、马尔克斯、乔伊斯等等，但是我们会发现一个问题，我们发现我们的文学在走向世界的过程中是困惑和痛苦的，同时，我们也会发现，西方的作家也到东方来寻找灵感，比如美国的诗人庞德，比如法国女作家尤瑟纳尔，我比较喜欢的一个美国作家叫奥尼尔，他在《天边外》里，透出一种悲天悯人的情怀。朱安的失败是现实主义者对理想生活的失败；罗伯特的失败是理想主义者对现实生活的失败。这种悲悯的根源与东方文化有着丝丝缕缕的关联，据说奥尼尔的房子叫"道"宅，而且写的就是汉字的"道"。在这方面，日本作家走得可能更西方化一些，去年我接触一位日本作家，他跟我讲，日本有市场的图书只有两种：一个是关于钱的，一个是涉及性的。关于文学发展的困惑和苦恼，韩国作家是不是也碰到这样的状况？

金升焕：韩国的文学也经历了西方文学影响的过程。光复之后，韩国的小说大多为现实主义小说，以反映解放这样的主题为主。60年代之后，文学的新流向就是内性技巧主义文学，也就是现代派倾向和市民现实主义文学。70年代是韩国小说的时代，出现了世态小说、历史小说、理念小说、战争小说、宗教小说、中间层小说等等，在80年代的小说创作中，反映工人运动的小说占较大比重，比如《波涛》《生成》等等。与此同时，也出现了在描写韩国现代生活方面颇有深度和广度的鸿篇巨制。在大众文学方面，以性和金钱为主题的作品也出现了不少，尤其是以金钱为主的唯金主义作品在韩国也是比较盛行的。作者不是为了挣钱而写作品，而是为了写出更好

《波涛》（1988年）作者金南一，《生成》（1988年）作者柳顺河。

的作品而写作。但是这个作品一旦面世的时候，它就成为了商品的形式。因此在评价一个作家时，通常以他作品市场的卖价、得到多少金钱利益来评价，可以说，这个作品是一个优秀的作品和一个有商业价值的作品是两个性质的问题。这种情况在80、90年代风靡全韩国。同时，犹如中国的作者一样，对于理想的追求、对于精神境界的追求、对文化的追求这样的作者也是非常多的。进入21世纪以后，因为产生个人化问题、民族问题和国家问题、分配问题、人类生存问题，对于这些严肃的问题，很多作家不爱写，总是想找一些轻松的、有感觉的东西写，一些作家则是找有卖点的、很浅薄的现象去写。像我们这样追求文学艺术价值的作家对这种现象非常着急和忧虑。中国的文学是不是也有这样的问题？

DIALOGUE

    津子围：如果以新中国成立作为划断，改革开放之前的文学基本都是现实主义文学，即使加上浪漫主义，也局限在现实主义这个大框架里。作为现实主义的延伸，改革开放之初，出现了伤痕文学、反思文学和改革文学，这个具有批判现实主义文学特征的文学其实是对既往的批判。80年代到90年代，又出现了"寻根文学"、先锋文学、新写实文学、新历史文学等等。在先锋文学活动实践上，离我们的文学传统非常远，可以说另外走了一条道路，因此也最具有探索性，先锋文学以其非理

伤痕文学，新时期出现的第一个文艺思潮，以《班主任》为发端，以卢新华的《伤痕》而得名，回忆十年浩劫带给人精神上的扭曲和伤痕的文艺思潮。

性、反传统、荒谬感来揭示"文革"历史,有其特殊的意义。那个阶段,在很多作家那里,怎么写比写什么显得重要。进入2000年以后,"潮流"和"标签"不再重要了,大家开始写自己感兴趣的和适合自己的东西,也就是那些想表达而又与之相适合的表达。这一时期,新写实文学、新历史文学、底层写作以及70后美女写作、80后青春写作占据了相当的位置。大众文学也潮起潮落,类型化写作、官场小说、商战小说、情感小说等等,网络发展与普及为小说野草般生长创造了条件,写作的门槛很低,大家都可以"过一把瘾"! 大量武侠、鬼故事、魔法小说纷纷出现。纯文学的处境十分尴尬,面临着对影视、游戏、网络的突围,导致了纯文学写作的危机,现在进行纯文学创作几乎成了精神的坚守者,成了朝圣的活动。

金升焕:我接触中国的小说比较少,所以了解也不够,我比较熟悉的中国作家是鲁迅,比如鲁迅先生的《阿Q正传》,这是留学日本的鲁迅回来写的小说,所以我想问个问题,鲁迅受外国影响多少?他是怎么和中国传统文化结合的?从鲁迅先生到现在的余华,他们俩有共同点,他们的思想来源在哪里?在讽刺文学方面他们俩找到了表达方式,他们俩具有多少的传统性?

津子围:我觉得鲁迅先生有被误读的地方,比如您说的讽刺文学,中国并没有这样定位他,以前,他曾被划在了"革命文学"的范围,的确,鲁迅的写作有批判的姿态,但在中国,批判和讽刺不同,即使是批判的定位我觉得也是不够准确的。鲁迅在很多人的认识当中他是愤怒的诗人,比如他的"地火"、"坟"、"苍蝇和战士",是投向敌人的"匕首",事实上他的思想更多来源于尼采,我曾经对鲁迅和尼采做过专门比较,发现十多个地方具有相似性,这里有个大的背景,特别是1840年鸦片战争以后,中国古老的文明大厦倾斜了。中国的知识分子开始对传统文化进行反省,太迫切了! 当时侵华的日本人伊藤博文讲,国防是为了让本民族的女人不让外国人侮辱,但是中国那个时候,房子被人烧了,东西被人抢走了,女人被侮辱了。

所以他们特别急于要自强自立,于是产生了鲁迅,和能与他产生共鸣的一个知识分子群体。在中国传统文化有一种解释就是,"天行健,君子以自强不息",这是《周易》里的一句话,这个是对的,但是不全面,我们还有一句话叫"地势坤,君子以厚德载物",因此这些年来,我们特别强调自强自立的时候,却忽视了人文学科,这个脉络断掉了。回到鲁迅,他是白话文的先驱者之一,他的语言当中有很多外来语言。(他最初是靠翻译别人的作品,翻译别人的书挣钱养家的)。我觉得鲁迅是他那个时代的代表性作家,他的出现是偶然,不如说是必然。余华也是优秀作家,我个人觉得他是我们同代作家中成就很高的,能够很好地整合各种写作资源的作家并不多,余华用西方的写作方式,整合自己的生活资源,这两种整合还不重要,重要的是他自己在寻找一种精神性,这种精神性在于自由的表达,我讲的意思是,我们对西方的学习这些都是很好的,我们都没有排斥的态度,因为要创作最优秀的作品,必然要了解世界文学,必然弥补自己的缺陷和不足——我们每个人都有权利吸收人类共有的文明成果。

金惠英小姐(小说家):津先生对鲁迅和余华的观点我很受启发,他们两代人的共性在于都是读着翻译的作品然后从事自己的文学写作,他们写作的语句都是欧式的,他俩还有个共同点就是他们的写作都具有批判性。鲁迅外来文化背景是自己到国外,到日本留学,虽然是间接的欧式,但是他有一个外来的背景,他亲自出国。余华不同,他是在国内读着、翻译着外国作品而间接写作的。他们批判的对象都是他们同处的那个时代,都是以知识分子独立的人格去批判、去发现、去创作的。就批判性而言,我觉得余华和鲁迅没法比,余华现在写作比较往边上走,我更喜欢余华的随笔,我觉得他的随笔里面能见到很多精神的东西,小说我也比较喜欢,他 18 岁出门远行,那是写作之初的自传性的写作。《兄弟》他写了 10 年,我觉得这部作品有点市场化的东西。

津子围:关于这两个作家,我觉得重要的不是在于用什么样的方式去表达,重要的是要有自己的精神境界,精神照亮的程度,形式上只要是好的,我们都可以去兼收并蓄,比如像韩国的汽车,它也是很多国家汽车优点的结合,重要的是汽车的品牌,它是韩国的汽车,作家也应该这样。我还想补充一下,鲁迅和余华不是中国文学的全部。

金升焕:我认为你的比喻非常恰当,我听了以后感觉非常好。我认为鲁迅和余华他们俩写了大量的作品,他们都具有商业性,他们获得了利益,同时他们也具有很大的艺术性,未来市场我们这些作家也是要有商业性,同时达到两个方面的要求,才是最完美的。

素素:我觉得韩国的文化在文化影响上是来自方方面面的。其中在古代是中国文化的影响,或者说也是在中国文化的覆盖之下,到了近代和中国一样是由于战争带入的日本文化,后来 1945 年后是美国文化的介入,虽然它们不是同时介入,是接踵而至的,受到这么多接踵而至的文化的影响,韩国文化还能够可识别。这样的文化受到这么多文化的进入、修改,还能保持自己的品格、保持自己的状态特色,我觉得这种文化是令人尊敬的。我想问一下,比如我的那本《流光碎影》,我写的是 1899 年建市到 1945 年以前的这个期间的大连。站在现在文化的角度,我不知道世界殖民文化的介入,韩国作家是怎么对待的,你们在写作中如何处理、如何评价这个文化资源? 其实大连和韩国有非常相似之处,因为它的文化是混血的,大连有土著文化,还有中原山东河北移民文化,他的土著文化就是东北少数民族包括汉族文化。第三个文化资源就是外来文化,一个是大连建市之初,俄罗斯文化,后来从 1905 年到 1945 年有 40 年是日本殖民地文化,先后有半个世纪外来文化在这个城市占据主流。战争是悲惨的、粗暴的、残酷的、血腥的,但是战争又是个悖论,它带来了东西方各国各族文化的交流,它会产生新的文化,或者是先进文化。我个人的写作在这方面做了一些努力,不知道你们有这方面的作品吗? 或者说你们怎么处理?

金升焕：韩国传统文化里有一种追求快乐的天性，现在韩国的文化潮流有一种细微的、有深度的探讨的趋势，有一种特别感情的表达。还有写法，在小说中表现出来的新事情和中国基本相似，韩国的文化想要克服殖民主义对自己的影响，想越过去，把这种痛苦抛弃掉不要它，这是非常痛苦的过程，所以说韩国既要保持传统的文化，同时要吸收，对困惑的问题要解决。

许章茂（诗人）：今天非常伤感，为什么呢？大家都在谈论小说，没有人谈论诗歌，犹如杜甫18岁出门远行时那种孤独的感觉，我体会到了。从一开始来，我对茶道这个过程仔细地想了一下，对于每个动作都赋予了它的内涵，闻它的香味，又品尝，把茶比喻人生，我觉得茶道品尝的过程和写诗达到了统一，非常感动。另外对大连这座城市，用韩国一种迷信的说法来说，韩国有这样一句俗语，新房子没有鬼，但是旧房子里有鬼，因为时间长的地方有一种精神存在。大连是一座新的城市，年轻的城市，大连城市因为年轻，是不是在引入很多新的东西，把房子装得满满的，韩国忠北作家协会和大连作家协会这种相逢也是再造一个房子，就是要把我们的理想、我们的希望放到这个房子里创造一个新的奇迹。你们对鲁迅先生和余华的比较我非常感兴趣，说得非常好，中国小说里我只读了鲁迅、老舍、余华的作品，在韩国的市场还可以见到莫言、余华的作品，在美国生活的哈金，我想知道还有哪些比较好的作家，请推荐一下。

津子围：这个比较多，中国有很多优秀的作家。意大利作家艾柯说："读者在上游"，评价作家很多时候不是自己，读者和时间是最公正、也是最不讲情面的法师，莫言、余华的作品翻译到韩国，非常好，随着我们交往的扩大，交流的深入，你们会接触到更多的中国作家，读到更多的中国作家的作品，因此，交流是非常重要的一个窗口，也是一个重要的渠道。

安伯托·艾柯（Umberto Eco，1932—）是一位享誉世界的哲学家、符号学家、历史学家、文学批评家和小说家。

金升焕：我非常同意您的说法，交流是非常重要的，一般把中国、日本、朝鲜、韩国、蒙古等称为东亚，东亚也好，亚细亚也好,这些大多是西欧的概念。西欧人内心潜藏着看待亚洲人的这种视角反过来又被亚洲人自己内在化,形成了错误的记忆。这样就使得亚洲人面临着亚洲式的自我觉悟的命题。对亚洲式传统的重新发现,特别为亚洲未来进行的相互合作问题。首先是自我的觉悟。这需要亚洲人之间的相互交流与合作。韩国文学与中国文学就是在这样的一个支点上相遇了。中国和韩国有着共同的文明和共同的文化。在世界化和反世界化的交锋的今天,亚洲问题应当从亚洲式的观点出发进行设计,设计好对新的历史的展望。对作家而言,国家主义、民族主义固然重要,世界主义和国际主义也很重要。在世界化时代,有必要超越以国家或本民族为中心的单一的本体性,形成世界市民复合的本体性,国家和世界的中间项是亚洲,因而21世纪的亚洲人通过自我的觉悟,能够认识到自己既是国家的公民,同时也是世界的市民。包括文学在内的文化就会成为这样一种重要的制度,它能够告诉我们:自己是一个什么样的存在,有着什么样的本性,今后应当怎样活下去。

津子围:是的,人类的历史正是文明逐渐取代野蛮的历史,用怀特海的话说,是说服逐渐取代征服的历史。野蛮有野蛮的存在理由,文明有文明的发展动力,进步有进步的观念形态,人类的历史经验,是不可能完全记录下来的。因此,文学在历史发展中只能是在生活面前的一种选择、一种视角和一种阐释。按我个人的理解,文学从严格意义上讲不是创造,是发现、解放和唤醒。让读者听到的是他自己心灵的声音。

金惠英:我非常喜欢中国的小说,沈从文写的一本小说叫《边城》,不管哪个国家,我喜欢那种有感觉的小说。所以我非常想读你们俩的小说。

津子围:谢谢,我们也希望读到您的小说。

金升焕:明年五月你们俩一定要到韩国去,有阶段性的、有系统的进行联系、进行协商,像津先生所说的那样,我们要加强交流。另外在韩国有很多比我好的小说评论家、小说家、诗人,他们会一起到东北来交流,逐渐的、有阶段性的推动发

怀特海是"过程哲学"(也称"有机哲学")的创始人。他受直觉主义的影响,反对"科学的唯物主义",认为自然和宇宙不是由物质组成的,而是由连续不断的经验的事物和独立存在的"永恒客体"结合而成的。

D I A L O G U E

展。这次聚会的意义就在于它有未来,如果刚才讲的务虚,那么将来就务实了。

津子围: 金会长,存在哲学中有一句重要的话,我们现在既是历史的,也是现实的。我们今天对话很有意义,是可以在未来铭记的,我觉得非常珍贵,感谢这个美好而愉快的下午。

金升焕: 我们也一样,期待明年五月你们去韩国做客!

天赋与机遇

与韩国天后级歌唱家周炫美(Choo Hyun Mi)对话录

时间:2009 年 10 月 21 日

地点:大连

周炫美简介

周炫美(Choo Hyun Mi)20 世纪 80～90 年代红遍韩国的一代歌后。1961 年 9 月出生于韩国全罗南道光州市西石洞,毕业于韩国中央大学药学系。1985 年 4 月第一张专辑《下雨的永东桥》开始发行,出版 50 多张专辑。1985 年获 KBS、MBC 女新人歌手奖,1987 年 2 月获得韩国白象艺术大奖——连续剧主题歌奖,1987 年获 KBS 歌谣大奖——最高人气歌手奖,1986～1992 年七次获 MBC 十大歌手奖,1988 年在 MBC 十大歌手歌谣评选中获得最高人气奖,KBS 歌谣大奖,1986～1990 年获得韩国日报社金唱片奖大奖,1990 年,获得"韩国广播大奖"歌手奖。周炫美曾经数次来过中国进行表演,尤其是她的《下雨的永东桥》、《单恋》、《绅士洞那个人》、《稍微等一下》等,成为脍炙人口广为传唱的经典。

津子围:很多人都知道您在韩国是天后级的歌唱家,您是第一次来中国吗?

周炫美:不是的。我在 1988 年来过,那时韩国还与中国没有交流。那之前,我到过台湾。后来到北京来看我爸爸,当时,我爸爸在北京。我到北京不是来演出。

津子围:你的汉语说得这么好,我很惊讶。

周炫美:我爸爸是中国人,我应该算是华侨。

津子围:您却是韩国的歌星,很早就到韩国了吗?

周炫美:我出生在韩国。爷爷是山东人。我妈妈是韩国人。

津子围:这出乎我的预料之外。那么,父亲是中国人,母亲是韩国人,这与你的唱歌天赋是不是有关系? 就是说,韩国人的血统是不是使得你具有唱歌的天赋?

周炫美:大概是吧,我想,我的声音里有那样的色彩,我觉得是遗传的。只是,我不知道是遗传妈妈的,还是遗传爸爸的。原本,我是学医的,后来却走上了歌唱的道路。

津子围:是由于唱歌的天赋而选择了唱歌的职业?

周炫美:小时候,没这么想过。刚唱歌的时候,二十几岁,也没多想。那么,现在差不多有50％的想法是这样的。也许再过些年,我会这么想,也难以说清会不会这样想。开始唱歌的时候,说实话,是想赚更多的钱,没想到,我真的做到了。

津子围: 谢谢您的坦率,像您这样的歌唱家,能这样坦率。

周炫美: 是的,当时就是这样的原因。

津子围: 同时的一个问题是,想唱歌赚钱的人很多,你却成功了。这里一定有天赋的因素,当然也有机遇的原因。

周炫美: 也许吧,我的声音还不错,我唱的歌,韩国人认为,就像日本的流行歌手。同时表达了韩国人的情绪、生活、希望等等。

津子围: 我知道,您在韩国取得了了不起的成就,几乎所有的大奖您都获过,比如最高人气歌手奖、歌谣大奖、金唱片奖等等。国际上,您获过大奖吗?

周炫美: 哈哈,记不太清了,我获过美国洛杉矶的一个奖,奖项我记不太清了……还有一次,在美国举行的全世界流行歌手的友谊奖比赛,我是韩国的代表,并得了奖。

津子围: 您对获奖已经不太在意了。

周炫美: 应该是的(笑)。……刚才您说,天赋和机遇,我觉得挺有意思。

津子围: 我是这样理解。以前记得看过关于中国一位名演员出道的故事,本来,应该去剧组的那个人选病了,那位名演员就替别人去试镜头,结果是,那位生病的人选还一直在远离城市的大山里,而那位替补者一路走红。

周炫美: 哦,有这样的事。

津子围: 我们中国人经常讲机遇的问题,个人总结也好,单位报告也好,都愿意说一句话:抓住机遇,其实,这句话是个伪命题。机遇是没人能抓住的,如果机遇随便什么人都可以抓住,那一定不是机遇了。就像做股票,做股票非常简单,你在低价的时候买进,高价的时候卖出,但是有多少人能赚到钱？格林斯潘当过美联储八届的主席，他每一次预测股票，预测完，股票就下跌，一直到退休的时候，别人问他说，你对机遇是怎么理解的？他说，其实我说的话呢，你们都没有听懂。我觉得机遇永远是给有准备的人，是准备迎接，而不是抓。比尔盖茨讲过，人们总是把两年希望的太好，而对十年估计不足，想想也是这样，在中国，二十年前我家买台电视，还是拖人去买，十年前谁也没想过满街跑这么多汽车。不知道您的机遇是不是抓的，还是撞上的？

周炫美：我没想那么多，不过我同意您的说法，常常是机遇找到了我。

津子围：因为您有了好的准备。

周炫美：哦，也许是这样。

津子围：这里其实也是有原因的。人生很复杂，有的时候是在玩象棋，有的时候是打麻将。象棋和麻将您知道吧？……象棋全是明的，有几个马，有几个炮，有几个兵，双方是一样的，但是人生更多的时候是打扑克，打麻将，你技巧再高抓牌不好也不行，抓牌就有运气的问题了，运气不好，怎么也不上牌。这种情况下，我们常常是，好事多的时候，就两利相交取其重。当不好事情来临时，就两害相加取其轻，这是很正常的心理，可是换一种角度讲，当不好来临的时候，能不能把它转化成一个好的事情，这涉及到两种不同的人生态度，正向思考和负向思考。或者换句话说，人生重要的不是打一付好牌，重要的是能把一付不好的牌打好。

周炫美：您说得非常好，演唱的职业也会遇到这样那样的状况，有的时候，自己会说不清楚很多东西，心情啊，希望啊，实际情况啊。反正需要解决的问题不单单是唱歌的问题。

津子围：但是您取得这样的成就，本身很不简单，符合钻石原理。

周炫美：钻石原理是什么？我很有兴趣。

津子围：其实，在您的时代，不仅您一个人可以成为天后级的歌唱家,还有一些人也具备当您这样的歌唱家的本事,只是,由于机缘,没有成功。我不知道这样说您介不介意?

周炫美: 我不介意,的确是这样的。

津子围: 但是,您成功了。波特尔有一句非常重要的话,就是知道怎么做,转变为知道为什么,把事情做正确转变为做正确的事情,这个非常重要。如果把事情做正确,而这个事情本身的方向是错的,做得越正确离正确的结果越远。这里就涉及钻石原理,仔细想一想,这个世界上非常奇怪,越有用的东西越不值钱,比如空气,不卖钱;比如水,很便宜;比如粮食,也不算贵。最没有用的其实是钻石,如果不是满足心理的需要,就是一块坚硬的石头嘛。

周炫美: 是这样的。

津子围: 这里有这样一个典故,一个老和尚让他弟子小和尚去路边卖石头,第一天小和尚就到路边去卖,卖了一天,卖掉一块石头,卖了一元钱。老和尚说你这样,你再到集市上去卖,第二天到集市也卖掉一块石头,卖了十块钱。老和尚说,你现在拿这个石头到古玩店去卖,小和尚到古玩店去卖,卖掉一块石头,卖一万块钱。实际上,老和尚让小和尚卖的三块石头是一样的,同样的石头为什么在路边卖一块钱,在集市卖十块钱,在古玩店卖一万块钱呢?……现实中,我了解一个乡镇,要开发建设旅游度假区,然后就要安置当地农民,当时适龄的年轻人很多,需要安置工作,可是当时一些好孩子,学习好的,都希望安排到国有企业,由于当时那个地方要建高尔夫球场,所以要在那些青年中找八个人做球童,当地农民没有一个希望自己的孩子做球童的,他们想,我的孩子怎么可以给资本家当奴仆,后来好多家里有本事的孩子都安排到纺织厂里工作,最后剩下的八个人做球童。15 年之后,纺织厂破产了,在工厂的那些人下岗了,而且他们已经 40 多岁,没有技能、没有知识,然后享受低保,生活非常困难。这八个球童,三个女的五个男的，三个女的全嫁给国外的老板，五个男的资产最少的有上百万，他们一个到集市上去，一个到古玩店去。我这样讲没有对职业歧视的意思，我只是讲一个原理。

周炫美：我明白，在韩国也是这样的情况。

津子围：所以，机遇既然是抓不住的，做好自身的积累和准备是非常重要的，并且，有了积累和准备还不够，等在什么地方非常重要。

周炫美：对。现在看，我对歌唱的职业的选择是正确的，所以我可以发挥我的灵感，我觉得或多或少是有这样的灵感，小的时候，我就有这样的感觉，把以前的那种东西带到这里。但是呢，我也没有依靠谁，是神秘的一种艺术的力量，把它给表现出来了。

津子围：那您本身对唱歌也一定是喜爱的？

周炫美：是的，我唱的歌，如果听众有那种感觉，哪怕是只有一个人，我就满足了。我们唱一首歌，就三四分钟，在三四分钟之内，要感动每一个人，那是很难的。所以呢，我常常没有那么大的勇气,我就想,让一个人感动就很重要。

津子围:是的,时代一直向前走,您现在唱的歌,是不是也随着外界的影响,比如国际化的影响,而吸取一些现代的元素呢?

周炫美:那应该是作曲家的事。

津子围:我是说,您用声音表现时,是不是也需要有一些时代感呢?

周炫美:对。

津子围:当然,作曲家也会注意哪些歌曲适合您,哪些适合您的声音。

周炫美:是的。

津子围:对中国的演员,哪些比较熟悉?

周炫美:台湾的邓丽君。

津子围:您怎样评价流行歌?

周炫美:现在全世界都在唱流行歌,特别是小孩子,中学生们我觉得都差不多。而且时尚文化也是以他们为主。韩国怎么样,中国怎么样,都差不多。在学校,他们唱流行歌,因为他们有热情,因为他们年轻,所以,年轻人要享受他们自己的乐趣。当然随着时间的推移,他们也变得感情厚实了,知道生活的内容了,他们的口味也会改变,再深一点、更复杂一点,这是很自然的。在韩国也是这样。所以,我的演唱总是特定的观众,不能让所有的人都喜欢你的演唱……在中国怎么样,我觉得差不多吧?

津子围:嗯,差不多。像我这个年龄的人,还是喜欢一些相对古典的,相对有内涵的,相对有个体风格的,甚至有点宗教性的。音乐本身有宗教性,我说这个宗教性也许不够准确,应该是精神性的。

周炫美： 音乐有精神性。

津子围： 所以，您觉得音乐是不是可以用一生来为之奋斗和追求的？或者说是用一生去实现它？

周炫美： 对。刚才我说到了赚钱，起初是这样的，我希望赚到很多很多的钱，可是有了钱满足我以后，就会去思考、看书。

津子围： 对，思考一些生命的价值。

周炫美： 对。能问您个问题吗？在中国当作家，怎么样？

津子围： 哪方面？钱吗？

周炫美： 哈哈，都有。

津子围： 在中国当作家，赚钱不是很多。不然呢，我就不会兼职，我得有份工作来养家。我写作，更多的是因为一种精神需求。当然，在中国的作家中也有很多不同，也有写流行小说的，那样会赚很多钱。严肃文学主要是探讨人的心灵深处，怎样追求人生的生命价值。这种价值不是那种励志的，不是教科书,是跟情感、跟生命有关的深层次的东西。那么,这样的书,它的受众相对少些,赚钱不是很多。在中国写电视剧比较赚钱。现在中国的作家,有一些很优秀的作家,由于写电视剧很赚钱,他们都去写电视剧本了。我也写过电视剧本,写剧本是为了赚钱,因为我的孩子在美国爱和华大学读书,他的学费很贵。所以,我只能靠写电视剧来贴补。但是,我更愿意写的是有关精神方面的严肃文学。

周炫美:严肃文学,是关注精神的,物质充足了,就需要净化精神。

津子围:对。是这样。精神层面的追求是没有止境的。我觉得每个人都是一盏燃烧的烛光,精神质量的高低,决定着这个人的光芒的大小,首先它要照亮自己,自我照亮,然后它才靠光芒照亮别人。比如说,您的听众听了您一首歌,听了几十年,这是您的光芒在照亮他,这很了不起。不知这么表达,您是否了解。

周炫美:哈哈,我听懂了。您是作家,您用您的文字能感化别人,是不是?

津子围:是,我到现在还是。

周炫美:那也是您的义务,您的责任。

津子围:对,是我的责任。

周炫美:那么,您的语言是如何和别人沟通的呢,比如韩国人怎样理解呢?能做到这点,我觉得真的很难的。

津子围:我觉得生命是有同性特征的,全世界的人都会有,只要是人都会有。这个是不分时代的,古代人会有,现代人也会有。因为人会快乐——古代人会快乐,现代人也会快乐;痛苦——古代人会痛苦,现代人也会痛苦;思念——古代人会思念,现代人也会思念,中国人会思念,韩国人也会思念,美国人也会思念，大家都一样。无非是，布景不一样，道具不一样，风俗习惯不一样罢了，但是本质是一样的。我给您举一个例子，中国人都知道一个"半夜鸡叫"的故事，是我们一个叫高玉宝的作家写的，一个人半夜起来，学鸡叫，让雇工工作的故事。但是，我发现一部日本人的《鸡太婆的故事》，情节基本是一样的，四百年前就有人写过类似的故事。但是我们的这位作家，因为他生长在乡下，他肯定不会读到日本的这部作品，更不会抄袭日本的这个故事。因此，这样的经验是人类共有的经验。到欧洲去的时候，我听到这样一个故事，莱茵河上有很多的城堡，在莱茵河的一个拐弯处，有一个女妖在唱歌，于是，好多的船在那里沉没了。其实像这样的故事，在中国也有很多，像罗马尼亚也有，韩国也有（韩国的作品，我读过一些），很多地方都有。这应该说是人类共有的经验，共有的财富。作为后来人，我们这代人，要再增加一些财富。这是我的一种想法，也是一种推动我不断创作的力量。

周炫美：是的，我觉得很好。

津子围：今天我们谈得很愉快，机遇和天赋结合起来，成功的概率就很高。在您身上，可以给年轻人很多借鉴和启发。

周炫美：您过奖了，谢谢！

DIALOGUE

快乐之旅

与美国百老汇著名演员对话录

时间:2010 年 7 月

地点:大连

美国百老汇著名演员简介

乔治娜·查可斯(Georgina Chakos),希腊美国裔世界著名女高音歌唱家。为庆祝她歌剧领域的辉煌艺术成就,西班牙塞维利亚剧院为她举办了大型戏剧《囚徒Ⅱ》的演出,她在剧中担纲出演母亲(女高音)。2008 年,应邀参加中国国家大剧院的国际戏剧节,并倾情奉献了《蝴蝶夫人》和《茶花女》经典唱段,他演唱的歌剧版的中国著名民歌《敖包相会》更是博得了全场喝彩,并被中央电视台转播。她具有惊人的艺术表现力,并充满了灵动性。从古典歌剧到轻歌舞剧都是她艺术涉足的范围,并成功出演了多部戏剧和音乐剧,如《巴黎圣母院》,《贝隆夫人》,《西区故事》等等,总是给观众视觉和听觉的极致享受。乔治娜·查可斯曾带领世界著名音乐剧系列《纽约!纽约!》与中国观众见面。

丹尼·科斯特洛(Danny Costello)在美国学习艺术,主修芭蕾、爵士、踢踏和演唱。随后成功出演了音乐剧《神秘女郎》并大获好评,在结束著名音乐剧《42 街》世界巡演后,他定居柏林,并长期在著名的柏林西区剧院演出经典剧目《ANYTHING GOES》、《UFA-REVUE》、《BLUE JEANS》、《PIRATEN》和《CHICAGO》

DIALOGUE

津子围:这次来大连参加演出的是美国的百老汇与法国的红磨坊的著名演员,本来,这两个地方就具有国际声誉,强强联合,算是最精华的整合。这个整合是您的杰作?

团　长(斯文·葛特历查 Sven Gottlicher):是的。歌曲就是歌曲,舞蹈就是舞蹈,但是在百老汇,舞蹈和歌曲都是世界上最棒的。我力邀欧美百老汇和红磨坊明星,联合打造了一个艺术的盛宴。我们这个演出汇集美国百老汇与法国红磨坊精粹,有来自欧美6国明星联袂出演,可以说是无懈可击的现场感染力。我们在欧美各国演出非常轰动,世界媒体好评如潮。演出中您将领略来自百老汇和红磨坊的充满浪漫与激情的歌舞,充满激情的表演和美轮美奂的歌舞将给您前所未有的视觉和听觉体验。在这个演出上您还能欣赏到许多中国观众耳熟能详的经典音乐。

津子围:此前来过中国演出吗?

团　长:没有。我们团中大部分演员都没有来过中国,一开始飞到北京,然后再到了大连。中国的食物非常美味,中国的人们非常友好。我现在有一个问题:我们团的这些演员都想待在中国,不想回去了。哈哈。

津子围:谢谢您对中国的好感。我仔细看了手里这个节目单,这是一个特别的节目单,序幕曲 2 分钟,听觉单元 17 分钟,视觉单元 14 分钟,嗅觉单元 15 分钟,味觉单元 15 分钟,触觉单元 15 分钟。在我个人的经验里,我还是第一次见到这样的节目单。

团　长:哈哈,我正想给您说这个,我们的策划应该说是最好的。中国人非常喜欢热烈的歌舞,我们都是用心在演出,一般的演出都会给观众带来视觉、听觉的感受,最多也就是 5 个重要的部分,但是我们要给观众带来 6 个。最重要的那一个,就是要给观众从心里带来这种热烈的快乐的感觉。我为什么会创造这一场演出?是因为我想跟大家一起分享这场演出,我们的演员在演出中会走到舞台下面,给观众们巧克力,观众吃了过一会儿,演员会把观众拉到台上,让他们站在中间,舞蹈演员就会围着他们跳舞,就会受热烈气氛的影响,释放观众的快乐。演出中,我们会给观众带来很多的惊喜,在我们的舞台上会有一个大的钟表,上面标示听觉、视觉、嗅觉等等，让观众上台，让他们拉着一样东西，如果一拉到了听觉，表就停在这，舞台上就会有时间的声音，观众可以去控制这个演出，这是我们最想要的，这样可以和演员拉近距离，我们从来都没有过这样的演出，第一次在中国用这种方式演出，第一次用这种表，而且用表在世界上也是第一次。

津子围：这个想法是在中国诞生的吗？

团　长：是的。对我来说，我非常尊重每一位演员，每一位艺术家，我非常尊重他们。这场演出就像是一个大型的家庭聚会。观众上来，那个表一拨到笑，台上这些舞蹈演员马上就会停止手上的工作开始进入状态。

津子围：演出没有规定性？

团　长：对，不是规定了的东西，而是由观众来调整需要，之后舞台就会 happy time show。我们的演员，每个人都非常尊敬中国的艺术，也非常非常喜欢中国的艺术，每个人都非常喜欢中国，非常爱中国，中国人民非常的友好。……这两位是乔治娜·查可斯（Georgina Chakos）和丹尼·科斯特洛（Danny Costello）。

津子围：能和你们交流非常高兴。

乔治娜·查可斯（Georgina Chakos）：能与中国的作家交流我也非常高兴。我曾经在中国国家大剧院做过演出，像著名的《蝴蝶夫人》，我今天会把一些中国的歌曲带过来，有一首蒙古草原的歌《敖包相会》，我用中文去演绎歌曲。我唱中国歌的时候台下的观众都会鼓掌，我想观众肯定是听懂了，所以他们会鼓掌。因为我以前在中国国家大剧院做过演出，所以再回到中国演出觉得非常非常的荣幸，非常非常的开心。

津子围：您跟中国还是蛮有缘分的。

乔治娜·查可斯（Georgina Chakos）：是的是的，我在学校时曾经有一个室友，也是同学，是中国人，她非常喜欢音乐，从这个人身上感觉到中国人对音乐的爱是非常深的。通过她我就想到中国看看，所以，我来到中国演出，把我的音乐献给中

DIALOGUE

国的观众觉得非常的开心。

津子围：我们非常期待您经常到中国来，到大连来。丹尼先生，您的感受与乔治娜小姐一样吗？

丹尼·科斯特洛（Danny Costello）：我的感受很特别，哈哈。在舞台上我也想表达这样的一个思想，音乐和舞蹈都是无国界的，是国际的，也是为什么我们能够来到中国的原因。

津子围：我有一种强烈的感受，就是你们都是非常快乐的，而且也想向观众传递这种快乐。团长先生谈话中用的最多的一个词就是 happy。

团　长：我到中国是快乐之旅，我们的演出就是快乐时光。对待快乐的感受全世界的人都一样的。

津子围：快乐的确是重要的，据说快乐可以让人提高免疫力。

团　长：是可以提高免疫力。美国威斯康星大学的心理学和精神治疗学教授戴维森通过心理测试，判定为更快乐的人抵抗流感病毒的抗体要比平均水平高出 50％。而 2009 年 11 月，荷兰发表的对老年病人的研究报告说，经过他们长达 9 年的研究发现，积极向上的精神状态能把病人的死亡危险降低 50％。

津子围：我还知道美国一个关于快乐的故事，有一个美国人到一个小岛上去度假，看到当地的渔民钓鱼，钓了几条鱼以后就不钓了，他非常不理解，问渔民，"你为什么不去钓更多的鱼呢？"那个渔民说，"我钓那么多鱼干什么？"美国人说，"你钓更多的鱼可以买好船，买好网啊。"渔民问，"可是我买了那个干什么？""你可以钓更多更多的鱼。""我钓更多更多的鱼干什么？""那样你可以做产品，做罐头行销全世界，可以做上市公司。""他说我做上市公司干什么？""做上市公司可以赚很多钱。""赚很多钱干什么？""赚很多钱可以买私人飞机，然后再到岛上来钓鱼。"渔民很生气地说："那不就是我现在做的事情吗？为什么你要我绕个大圈子，再回来做我本来就可以做的事？"。

团　长：哈哈，正是这样的。

乔治娜·查可斯（Georgina Chakos）：因为快乐是根本的东西。

津子围：我的生活中也有这样的例子。我们这儿有位企业家，50多岁了开始创业。朋友劝他，还是多想想怎么安度晚年吧。他不同意。朋友直言，你已经没什么可能了，因为你没有资本。什么是资本？并不完全是金融资本和固定资本，年轻才是最大的资本，因为年轻可以失败，你没有这样的资本。这位企业家没说什么，默默地去做了，十几年之后，他成功了，成为他那个行业里的龙头。他去世之前，对当年劝他的那个朋友说，知道我为什么成功吗？其实我是有秘密的。那个朋友想知道什么秘密，企业家问：你是不是认为我特别聪明？可是我有某某聪明吗？那个朋友想一想，你的确没有他聪明。企业家又问：那你是不是认为我运气特别好？可是我有某某运气好吗？那个朋友又点了点。企业家说，我既不聪明运气又不好，我怎么会成功？我告诉你吧，我的秘密就是快乐，快乐可以传递的，由于我快乐，我快乐地做事情就会让别人也快乐，所以别人就会把机会给我。这个令我难忘。按我自己的话说，就是把善良给别人，把快乐给自己，因为快乐是你自己内心的感受。我前两天跟一个朋友交流，那个朋友跟我讲他总想把快乐给别人，可别人并不买账，所以心里很郁闷。我说问题的关键是，你要把善良给别人，把快乐给自己，因为快乐是他的感受，不是你的感受，你认为的快乐不一定是他的快乐，比如你喜欢吃酸的，认为给别人酸的就是给别人了快乐，也许对方正好对酸的十分反感。所以,给别人善良别人是可以感受到的,快乐不是给予的而是感染的。对不对?

团　长:是的,您说得很好。我理解快乐是共同的制造,就像您说的感染。我们在制造快乐时还会送给观众一个小的惊喜,这个惊喜是演员跟观众的互动,分享快乐。就像切利毕达克说的:音乐不是美,音乐是真。我们会用真挚的感情彻底快乐。

津子围:所以积极和消极是两种不一样的人生态度。比如早晨起来,积极的人可能会觉得:我太幸福了,我又多活了一天;消极的人可能会想:真无聊,我离死亡又近了一天。所以快乐绝不是面对别人的问题,首先要面对的就是自己的内心。

丹尼·科斯特洛(Danny Costello):艺术可以制造快乐,所以,我们都很快乐。

津子围:我同意这样一种说法,艺术是新的也可能是未来的一种宗教。因为宗教是满足人的精神需求的,但是,由于宗教产生的社会环境发生了变化,很多宗教已经不适应新的社会环境了，那么，艺术恰恰可以弥合缺失的那一部分或者说发展中来不及解决的那一部分。苏珊·朗格说过："艺术是人类情感的符号"。中国古代的孔子在齐国听了韶乐之后"三月不知肉味"。

团　长：是的，艺术是人类情感的符号，艺术也是发现。米开朗基罗不认为自己是在用岩石"创造"生命，而是"解放"生命。26 岁"解放"了《哀悼基督》的圣母，30 岁"解放"了《大卫》。

津子围：百老汇作为舞台艺术的代表，百老汇的演员也是世界有影响的艺术家，能到中国来演出，对文化的推动和普及是很有意义的。

团　长：我们都是在美国出生的。我觉得作为演员，我们也想尽自己的努力去给观众们，不仅是观众，也是我们所到之处的这些人们快乐，我觉得快乐是种礼物，这种礼物到欧洲的话就带给欧洲人，到中国的话就带给中国人。我想这是一种整合，我想把这种爱带到这里。你们也给了我们最好的礼物，希望这种爱传递下去。

（翻译：林莹）

DIALOGUE